AF557149

Mit einer Flügeltür ins Freie fliegen

ANNA SEGHERS
ACHIM ROSCHER

Mit einer Flügeltür ins Freie fliegen

GESPRÄCHE

neues leben

Das Lächeln der Anna Seghers

Das Telefon hatte geklingelt. Die Sekretärin war zum Paternoster geeilt, der pausenlos durch die Stockwerke des Bürohauses rumpelte, in dessen unteren Etagen der Deutsche Schriftstellerverband seine Büros hatte; unsere Redaktion arbeitete in Räumen des Dachgeschosses. Aber die Präsidentin hatte das *Fuhrwerk* nicht genutzt, sondern war die Treppe heraufgekommen und sagte, kaum, dass sie sich verschnauft hatte: *Duuu horchemol, ich fürchte immer oben den Ausstieg zu verpassen und kopfstehend wieder runterzukommen.* Ein Lächeln war aufgeblitzt und sofort wieder erloschen, als habe sie einen Schalter bedient. Das erlebte ich oft. Und wenn ihr später mein Name mal nicht einfiel, behalf sie sich mit der Anrede *Duuu, Paternoster.*

Nahm man es genau, war Anna Seghers als Präsidentin des Berufsverbandes der Schriftsteller zugleich auch unser oberster »Dienstherr«. Aber so genau nahm es niemand, und schon gar nicht verstand sie sich selbst so, obgleich sie zu den Schriftstellern gehörte, die zur Gründung einer *Zeitschrift für neue deutsche Literatur* angeregt hatten, dessen Titelsigle sie, wie es hieß, in die Diskussion eingebracht hatte: NDL. Und wenn sie gelegentlich nach diesem oder jenem Beitrag oder nach deren Verfassern fragte, geschah es aus *unbändiger Lust, Ideen und Anregungen beizubringen,* weil sie es *gut meinte* und deren Arbeit *mit Aufmerksamkeit und Ernst, mit Freude und manchmal mit Sorgen* verfolgte, wie sie der Redaktion einmal schrieb. Besondere Energie mobilisierte sie, wenn die Redaktion in Bedrängnis geriet oder begabte junge Autoren des Zuspruchs bedurften, wie Helmut Hauptmann, dem nach dem Krieg zum Schreiben gekommenen literarischen »Chronisten« des Aufbaus, dem sie 1957 einen von ihr ausgelobten Erzählerpreis zusprach, oder Erik Neutsch nach seinem Debüt mit der »Regengeschichte« zu Jahresbeginn 1960. »Vorläufiges zu Uwe Heiler«, ein Prosastück des jungen Leipziger Physikers Jochen Born im Dezemberheft 1972, beeindruckte sie, kritisierte aber die Redaktion, dem Abdruck gleich eine Bewertung vorangestellt zu haben: *Wenn er auch ohne Zweifel Talent hat, die Kraft eines Talents kann man nicht prophezeien.* Und 1980 empfahl sie ein Feature des jungen Mainzer Autors Peter Frey zum Druck, seine »Suche nach einem Nazi-KZ in Rheinhessen«, dem Handlungsort ihres weltberühmten Romans »Das siebte Kreuz«.

Und sie konnte verbissen sein, wenn es notwendig wurde, die Redaktion bei der Abwehr absurder Zumutungen zu unterstützen wie der Änderung des Namens »Neue Deutsche Literatur« in »Neue Literatur der DDR«, Folge einer zeitströmigen Direktive, die zu einer Verengung des Programms der Zeitschrift geführt hätte. Das entscheidende Gegenargument äußerte Rodi, Annas Mann, mit spöttischem Anflug: »Wie nennt sich dann das ›Neue Deutschland‹, unser hochgeschätztes Zentralorgan?« Das war im Sommer 1973.

Das freundschaftliche Verhältnis zwischen Anna Seghers und uns Redakteuren erleichterte es auch, sie um etwas zu Bitten, um neue Erzählungen oder Kapitel aus Romanen zum Vorabdruck, gelegentlich auch um Gratulationen oder Äußerungen, wenn ihre Autorität erwünscht war, wie bei der Vorbereitung zum Internationalen Schriftstellertreffen in Berlin und Weimar 1965. Da versagte sie sich auch in Zeitnot nicht. *Schlag mal die Tischdecke zurück und schreib auf, was ich sage, daran feilen können wir später.* Solch eine Aufforderung während des Plinsenbackens in der »Puppenküche« der Adlershofer Wohnung – *Bubbekich* hatte sie gesagt – beruhte auf gewachsenem Vertrauen, das ein Ergebnis versprach. Und vor allem griff die Redaktion auch Vorschläge von ihr auf, die zu Überraschungen führten. So regte sie an, Dichter und Nachdichter zu bitten, Verse von Alexander Puschkin neu zu übertragen.

Im Frühjahr 1961 hatte mich die Autorin angerufen, um Näheres über den Leipziger Literaturwissenschaftler Rolf Recknagel zu erfahren. Sie möchte ihm *rasend gerne schreiben.* Von ihm hatte die Zeitschrift in Fortsetzung einen Aufsatz veröffentlicht, mit dem anhand von überraschenden Textkongruenzen die Identität des Romanciers B. Traven, des »weltbekannten Unbekannten«, mit einem »verschollenen« Publizisten, Schauspieler und Insurgenten der Bayrischen Räterepublik namens Ret Marut nachgewiesen wurde. Anna Seghers meinte, dass sich Recknagel *auf der richtigen Spur* befinde, und empfahl, die entsprechenden Hefte mit einem freundlich hinweisenden Brief an die amerikanische Zeitschrift »Life« zu senden, weil diese einen Preis zur »Identification« des Schriftstellers ausgelobt hatte. Die Post nach Übersee blieb ohne Resonanz, während Anna Seghers sich nach der Veröffentlichung eines anerkennenden Briefes an Recknagel im »forum«, einer von der Freien Deutschen Jugend herausgegebenen »Wochenzeitung für Studenten und junge Wissenschaftler«, mit dem Missmut *ideologischer Linienrichter* im eigenen Land konfrontiert sah, die den Hinweis auf das Preisausschreiben nicht gern gesehen hatten. Dergleichen belustigte sie.

Obgleich der in Mexico-City anonym lebende Traven das auf wissenschaftlichem Spürsinn beruhende Ergebnis Recknagels bemerkenswert fand, wie seine Witwe Rosa Elena Luján später bestätigte, stießen östliche Forschungsergebnisse in der westlichen Hemisphäre kaum auf Interesse. Da hatte Anna Seghers – *damit man's begreift* – angeregt, so oft wie möglich über den Fortgang der Arbeit zu publizieren. Auch fragte sie ungeduldig nach dem Erscheinen der vom Reclam-Verlag in Leipzig optierten Traven-Biographie und freute sich über den Vorschlag, Recknagels aufwendige Recherchen mit einem Stipendium aus dem Kulturfonds der DDR zu unterstützen. Ihren Idee, ihn mit dem Heinrich-Heine-Preis zu ehren, tippte ich auf ihrer klapprigen Remington, wie später auch eine der beiden obligaten Bürgschaften für seine Aufnahme in den Deutschen Schriftstellerverband. Die Bemerkung der Präsidentin, Recknagels Mitgliedschaft gereiche nicht nur dem Autor, sondern wesentlich auch dem Berufsverband zur Ehre, fügte ich der Begründung an. Als sie das Papier überlas, nahm sie den Zusatz mit Schmunzeln zur Kenntnis. Dass man Jahrzehnte später in großen Zeitungen des wiedervereinigten Landes meinte, Traven abermals entdecken zu müssen, hätte sie bestimmt amüsiert.

Gelegentlich wünschte Anna Seghers, ich solle sie gemeinsam mit Frau und Tochter besuchen. Da stand auch Alltägliches an. Die Bitte um Hilfe bei einer Nadelarbeit konnte es ebenso sein wie die Reparatur eines Schranktürscharniers oder eine *Arbeitsfrage* zu einer Erzählung, an der sie *langdachte* und zu der sie die Schulerfahrung unserer Tochter Katrin zu hören wünschte.

Einmal, an einem Wochenende, rief sie aufgeregt an, bei ihr sei die Sicherung durchgebrannt, *nit aber die, die du vielleicht denkst.* Ob mein großer Bruder ihr wohl helfen könne? Als *großen Bruder* bezeichnete sie meinen älteren Freund Peter Christian, einen in ihrer Nähe wohnenden Ingenieur für Drucktechnik, der die gleiche damals auffällig schwarze Hornbrille trug wie ich. Ihm gelang eine Überbrückung, während die Autorin ihn, einst technischem Realisator der Rowohltschen rororo-Idee, überredete, von Produktionstricks der Nachkriegszeit in einem Hamburger Druckhaus und von der drolligen Überwindung von Engpässen der Gegenwart in einer Berliner Großdruckerei zu erzählen. Eine Flasche angelte sie aus dem Bücherregal; der Armagnac stand hinter Werken von Dostojewski.

Sie sei *rasend neugierig*, hatte sie mir einmal gesagt. In der Tat hatte ich bemerkt, dass ihr Interesse oft weniger auf Literarisches gerichtet war, als auf Überraschendes und Belustigendes der Kategorie Tratsch und Klatsch, das letztlich doch ihrem schreibenden Interesse diente. Gelegentlich hatte sie auch naturwissenschaftliche oder technische Fragen, manchmal scheinbar verblüffende wie die nach der Möglichkeit des Atmens unter Wasser mit Hilfe eines Schilfrohrs. Der Überlegung, dass der dünne Halm mit seinen Wachstumsknoten dem Luftfluss Grenzen setzen könnte, ging sie beharrlich nach. Sie wollte, dass das, was sie zur Lebensrettung ihres Protagonisten für wichtig hielt, verlässlich funktionierte. Damals schrieb sie an der Erzählung »Das Schilfrohr«.

Irgendwann hatte sie bemerkt, dass ich bei Gesprächen Stichworte notierte, um sie für ein späteres Interview parat zu haben. Ich hatte befürchtet, dass es sie gestört haben könnte. Aber sie hatte mich mit dem Satz *Schreib das auf, Kisch!* ermuntert. Sie habe immer *gekritzelt – im Café, im Restaurant, in der Bahn, auf dem Schiff, sogar in einer ungestörten Ecke auf Märkten.* Nur im Flugzeug sei sie zu aufgeregt, und beim Autofahren rüttle es zu stark. In

Versammlungen allerdings mache sie es ein bisschen verstohlen, um niemanden zu irritieren. Ich konfrontierte sie bald mit einem Aufnahmegerät, dessen Laufgeräusch sie zunächst störte, wie auch die geringe Speichermöglichkeit, die einen häufigen Wechsel der Tonbandspulen notwendig machte. Vor allem erschrak sie über ihre eigene Stimme, wenn ich ihr ein Stück des Aufgezeichneten vorspielte: da sei *doch nur Quassel* drauf. Diese Befürchtung war unbegründet. Und beim Lesen der *Verschriftung* zeigte sie sich durchaus am Bewahren von Authentischem interessiert, hatte sie doch unlängst Arnolt Bronnens »Tage mit Bertolt Brecht« gelesen und von Gesprächen Hans Bunges mit Hanns Eisler gehört. Die Berichte Alfred Meißners von seinen Besuchen bei Heinrich Heine in Paris, die mir in einer ersten Nachkriegsausgabe des Keppler-Verlags in Baden-Baden, während meiner Schulzeit von einer Freundin geschenkt worden waren, wollte sie unbedingt lesen. Da erregte sie die Schilderung eines durch Börsenspekulation vom Schnittwarenhändler zum Rummelkönig aufgestiegenen Renommisten heftig, sah in seinem unerträglichen Protzen vor Heines »Matratzengruft« Anzeichen eine Fehlentwicklung in den sogenannten modernen Gesellschaften der Welt schlechthin. *Qu'est-ce que la propriété?*, fragte Proudhon provokant; und diese Frage scheint sich immer wieder und immer mehr verschärft zu stellen.* Doch gerade bei dem Gespräch über das Authentische im Fiktiven – *das*

* Pierre-Joseph Proudhon (1809–1865), von Karl Marx beeinflusster französischer Ökonom und Soziologe, sah die Grundlagen der wirtschaftlichen Ausbeutung im Eigentumsrecht verwurzelt. In seinem Werk »Was ist Eigentum« (1840) wendet er sich nicht gegen individuellen Besitz schlechthin, sondern gegen das Eigentum, das dem Eigentümer Gewinn aus Zins, Grundrechten oder Pacht garantiert, ohne selbst arbeiten zu müssen.

Authentische ist ein Meister – hatte, von mir unbemerkt, die Technik versagt. Ich hatte die Spulen sich drehen sehen, aber die Aufnahmetaste zu drücken versäumt. *Weg ist weg, da helfen keine Pillen.* Auf eine Wiederholung ihrer Gedanken wollte sich Anna Seghers partout nicht einlassen.

Die Abschriften von Tonaufnahmen übergab ich ihr zur kritischen Durchsicht. Sie reichte die zur gegenwärtigen Veröffentlichung bestimmten Teile schnell zurück, hatte korrigiert oder neu gefasst, auch *Luftpassagen* gestrichen und mich ermuntert, gleich bei der Wandlung vom Ton zum Text mit Korrektur nicht zu geizen: *Wir sind ja nicht Radio.* Beiseitegelassenes wollte sie aufbewahrt wissen, um möglicherweise später darauf zurückgreifen zu können, vielleicht in gemeinsamer Redaktion mit Christa Wolf, mit der sie 1965 im Juniheft der NDL ein für den Rundfunk geführtes Gespräch veröffentlicht hatte. Über eine neuerliche Zusammenarbeit muss sie wohl mit der befreundeten Autorin gesprochen haben, da diese mich später, schon nach Anna Seghers' Tod, ermahnte, das Manuskript meiner Gespräche »nicht verkommen« zu lassen. Allerdings stand dem entgegen, dass Annas Tochter, im Dunst der Wendezeit Fehldeutung und Missbrauch befürchtend, Zurückhaltung angeraten hatte. Mir schien es sinnvoll, Originelles und Originäres aufschließen zu helfen und die Suche nach Lebens-, nicht selten Überlebensstrategien ihrer Mutter ins Blickfeld zu rücken, die ihre Existenz und ihr Schreiben gefährdet hatten. Da konnte Anna Seghers auch dialektisches Raffinement und taktisches Kalkül aktivieren wie bei der Verteidigung des »Tagebuchs zweier Welten« ihrer amerikanischen Freundin Edith Anderson, das in der DDR-Wochenzeitung »Horizonte« eine *dumme und zerstörende Kritik* erfahren hatte, oder beim Ignorieren einer törichten »Weisung« der zentralen Ideologiewächter, Christa Wolfs

Erzählung »Nachdenken über Christa T.« mit einem Rezensionsverbot das öffentliche Interesse zu schmälern. Auf eine solche Anmaßung wollte sich die Redaktion nicht einlassen, sondern veröffentlichte eine nachdenklich-kritische Besprechung des Literaturtheoretikers Horst Haase, dem daraufhin politische Schimpfe gewiss war, wie auch dem Chefredakteur, zu dieser Zeit Werner Neubert, der schon vorher die Veröffentlichung eines »Gewissensforschung« betitelten Aufsatzes von Heinz Plavius über Christa Wolfs »Kindheitsmuster« verteidigt hatte. Der Redaktion hatte es den Vorwurf eingetragen, einen »schweren Fehler« begangen zu haben, der »einmal mehr die ideologische Schieflage des gesamten Kollegiums bestätige«. Da riet Anna Seghers eindringlich, sich *nicht verwirren noch verbiegen* zu lassen, wie sie überhaupt erfolgversprechende Gegenwehr auf die *entscheidende Stelle* lenkte. Wirkungsloses Ausschreien war nicht ihrer Art. Den Befund der engagierten Biographin Christiane Zehl Romero in ihrer rororo-Monographie (1993), »ihre Entscheidung für die Kommunistische Partei« habe sie verführt, »in ihren Werken und ihrer Publizistik zu schweigen, wo reden notwendig gewesen wäre«, und so ihr Talent kompromittiert, hätte sie wohl – wie ich es bei anderer Gelegenheit einmal im Begriffsspiel mit Thomas Manns Epochenzitat vernahm – scherzend *grundtöricht* genannt.

Bei manchem ins Prinzipielle greifenden Anlass bemerkte man deutlich ihr besonderes Interesse an der Zeitschrift, die ihr am Herzen lag. Maßregelungen, vor allem der Chefredakteure, verletzten ihre politische Überzeugung wie im Herbst 1955, als F.C. Weiskopf nach einer parteiinternen Auseinandersetzung über den gesamtdeutschsprachigen Kurs der Literaturzeitschrift einem Herzinfarkt erlag. Zu den Autoren, die sich von Anbeginn als Verteidiger der NDL verstanden, gehörte neben Anna Seghers und Arnold Zweig auch Bertolt Brecht mit einer eindringlichen Forderung an Johannes R. Becher als Minister für Kultur der DDR, »wirklich jetzt mit der Verschrottung unserer besten Leute aufzuhören«.

Trotzdem verlängerte sich die Kette der Vorwürfe und Einmischungsversuche. Selbst Willi Bredel, Mitglied des Zentralkomitees der SED und Gründungschef der Zeitschrift, wurde 1959 nach einem Vorabdruck aus seinem Roman »Ein neues Kapitel« mit einer sowjetischen Demarche belastet. Er hatte mit einem, in literarischer Figurensprache eher als diskret zu bezeichnenden, Hinweis auf Übergriffe sowjetischer Besatzungssoldaten in Berlin ein Tabu gebrochen. Gar nicht zu reden von der zernierenden Kritik eines Auszugs aus einem noch unvollendeten Roman Werner Bräunigs auf dem 11. Plenum der SED 1965, in dessen Folge Wolfgang Joho, dem geschätzten Erzähler, mit der Begründung des *Misstrauens der Parteiführung* der Stuhl des Chefredakteurs weggezoggen wurde, worüber Joho in der NDL vom Januar 1991 – vier Wochen vor seinem Tod – mit der Veröffentlichung eines Tagebuchauszugs beklemmend berichtet. In jener Zeit geriet auch die Präsidentin des Schriftstellerverbandes in die Bredouille, prangerte dergleichen als *Rückfall in dunkle Zeiten* an, warnte aber – wie auch Joho selbst – vor einem kollektiven Protest des Kollegiums, der, als Plattform verstanden, zu riskanten Konsequenzen hätte führen können. Denn es kam ja nicht wirklich die realistische Fassung des lockeren Lebens im sächsischen Bergbaugebiet ins Bild, sondern die literarische Dekuvrierung des Uran-Abbaus, der streng gehüteten Rohstoffgewinnung für die sowjetische Atomrüstung. Da war Anna Seghers die kontinuierliche Weiterarbeit der Redaktion wichtiger als ein aussichtsloser Clinch mit der Macht, während Christa Wolfs Verteidigung Werner Bräunigs und seiner literarischen Verve vor dem höchsten Gremium der SED ein Einzelbeispiel couragierten Widerstands blieb, bei dem auch sie Blessuren davontrug. Eine Stimme, die dem Chor falsche Töne einsang, galt als suspekt.

Überhaupt stellten sich der Zeitschrift politbürokratische Engstirnigkeit und parteiideologische Rabulistik mehr in den Weg, als bekannt wurde. Chefredakteuren wurde die offizielle Ernennung versagt wie Wieland Herzfelde, dem beargwöhnten Westemigranten und unverbesserlichen Querdenker, oder sie demissionierten im ideologischen Scharmützel wie Werner Neubert, der den Schleudersitz des Chefs gegen einen standfesten Stuhl in der wissenschaftlichen Arbeit tauschte.

Einige Mal hatte man die Zeitschrift auch an die Leine zu legen versucht, sie sogar durch eine dem Ressort Agitation und Propaganda des Zentralkomitees unterstellte Wochenzeitung ersetzen wollen; ein Wunschkollegium war auch schon fixiert. Schließungen wurden bedacht und mit »gesunkenem Leserinteresse« oder »allgemeiner Papiernot« bemäntelt. Anna Seghers war zu Ohren gekommen, dass die Redaktion dergleichen unterlaufen hatte. Der Leiter des zentralen Postvertriebsamtes hatte bei einer Aussprache mit der Redaktion bekundet, dass ihm die drastische Reduzierung der begehrten Zeitschrift schon spanisch vorgekommen sei. Interessiert folgte er unseren Argumenten und korrigierte kommentarlos die Vertriebsauflage wieder über die Zehntausend-Grenze. Als ich Anna Seghers davon erzählte, lachte sie so herzlich laut, wie ich sie selten hatte lachen hören.

Ein späterer Vorfall hingegen ließ sie nachdenklich zurück. Anna Seghers war zu Ohren gekommen, dass Redakteure der NDL ohne erforderliche Genehmigung in

Buchhandlungen des Landes Käufer nach ihren Lesewünschen befragt hatten. Dabei waren sie wegen der zufälligen Namensgleichheit einer ins Frageteam einbezogenen Mitarbeiterin des Schriftstellerverbandes mit dem »unartigen Moritatensänger« Biermann selbst an Befrager geraten, die gemeint hatten, dass die Redaktion etwas im Schilde geführt habe. So albern diese Vermutung gewesen war, blieb letztlich doch mehr das Verlachen – doch ein mulmiges Gefühl außerdem.

Schwieriger war es bald mit einer »Umfrage« bei Autoren, »welches Buch sie im Jahr 1975 besonders beeindruckt hat und weshalb«. Dieses Vorhaben, von dem Anna Seghers erst im Nachhinein erfahren hatte, hätte sie, in der Zeit politischer Hysterie, geraten einige Hefte zurückzustellen: *Ich dachte, der Mann hätte gewachsene Erfahrung.* »Der Mann« war der erst unlängst zum Chefredakteur berufene Fernsehdramaturg Walter Nowojski, den sie 1973 bei der Vorarbeit zu einem Dokumentarfilm über *die Entstehung des Romans »Das siebte Kreuz«* kennengelernt hatte. Der hielt nun als Ergebnis seiner Bemühung verdutzt Beiträge in der Hand, von denen einige auf die in der Akademie-Zeitschrift »Sinn und Form« veröffentlichte politisch hart attackierte »Unvollendete Geschichte« von Volker Braun verteidigend Bezug nahmen. Da war es ein leichtes, die Entscheidung über das Ganze dem Chefredakteur aus der Hand zu schlagen; ein einmaliger Vorgang in der Geschichte der NDL. Im Hintergrund stand allerdings mehr, nämlich die Zügelung des von der SED ausgerufenen »neuen Verhältnisses von Kunst und Politik«, auf das die Schriftsteller vertraut hatten. So hielt Anna Seghers die Vereinzelung der Beiträge auf mehrere Hefte der Zeitschrift für geraten, denn *es sei töricht, mit dem Kopf gegen die Wand zu rennen, wenn zu befürchten ist, dass man dabei nichts anderes einrennt, als sich den eigenen Kopf.* Geflügelte Worte mochte sie gern, und sie zögerte nicht, sie manchmal sogar dem ihr vorschwebenden Sinn anzupassen. Aus »Glaube« wurde »Beharrung«, welche Berge versetzen könne. Während unseres Gespräches schob Anna Seghers fahrig Papiere auf dem Tisch hin und her, hob dieses oder jenes Blatt vor Augen, ohne es wirklich zu lesen. Mir schien, dass sie mich, der ich ihr gegenübersaß, vergessen hatte. Plötzlich hielt sie inne, sah mich groß an und fragte grienend: *Weißt du, dass Grete Weiskopf und Gertrud Herzfelde aus Salzburg stammen und Geschwister sind?* Ein Geheimnis war's nicht, Wieland Herzfelde hatte es mir erzählt. Und dass Gretes Vater und Franzens Mutter in ihrer Jugend ein Liebesverhältnis verbunden hatte, wußte ich von Grete Weiskopf. *Seltsam – oder auch wieder nit,* sagte Anna Seghers. War's ihr leid, über die Querelen mit der Umfrage zu reden, oder wollte sie noch über die Chance eines Einwirkens nachdenken? Möglich war beides. Der Chefredakteur vermutete später, dass sein Verbleib als Leiter der Zeitschrift dem Wort der Präsidentin zu danken gewesen sei.

Gelegentlich brachte Anna Seghers das Gespräch auf Begriffsanalyse und Literaturkritik, wenn sie etwas *mit Gewinn gelesen* hatte. Vor *langfädigen Rezensionen* hatte sie gewarnt, unser Bemühen um einen lockeren Ton der Kritik gelobt, wie auch die Suche nach Autoren, die das feuilletonistische Florett zu führen verstanden. Postulate fand sie ineffizient und Traktate kunstfremd. Als theorieabstinent wollte sie allerdings auch nicht verstanden sein, obgleich sie allzu theoretisch betonte Interviewfragen, wie die unseres von ihr geschätzten stellvertretenden Chefredakteurs Heinz Plavius für das Novemberheft 1970, letztlich als *etwas verkrampft* empfand. *Den Begriff »positiver Held« kann ich übrigens überhaupt nit besonders gut leiden,* wie sie auch die *viel und vielerorts durchdiskutierte Sache von dem »Sozialistischen Realismus«* anders verstehen wollte. *Ich bin der Meinung, daß ein sozialistisch denkender Künstler, der einen Teil der Wirklichkeit darstellen will, bewußt oder unbewußt als sozialistischer Realist arbeitet,* schrieb sie an David Scrase vom Department of German and Russian an der Universität von Burlington im USA-Staat Vermont nach der Lektüre einer ihr von ihm zugesandten Studentenarbeit über ihre Erzählung »Überfahrt«. Dass ein sozialistisch denkender Künstler sich eine sozialistische Gesellschaft wünscht und keine sonstwie geartete, sei verständlich. *Zugleich bin ich der Meinung, daß Wirklichkeit nicht einfach das ist, was ins Auge springt.* [...] *Auch Träume phantastische Gedankenverbindungen, Wünsche usw. gehören zur Wirklichkeit. Zu was sollten sie auch sonst gehören? Aus all dem ergibt sich, daß diese Darstellungsart nichts Einengendes bedeutet, sondern etwas Erweiterndes und ganz bestimmt nichts Angeordnetes, kein Muß, dem sich ein wirklicher Künstler unterzieht, weil er eben in einem sozialistischen Staat lebt.*

Allerdings äußert die Autorin zum Schluss ihres Dankbriefes an David Scrase auch Zweifel, ob seine Kursanten irgendwie merken, dass sie von vielen Meinungen, Artikeln, Zeitungen usw. zu dem Bild über den sozialistischen Realismus, das sie wiedergaben, gebracht wurden. Der Hinweis auf allgemeine Beeinflussung schwingt mit. Die NDL veröffentlichte die Teamarbeit der Studenten, sowie den Briefwechsel im November 1975.

Nachdem auf dem Schriftstellerkongress im Mai 1978 vom Podium des Präsidiums herab, im Ton der Hausordnung des Politbüros des ZK der SED, mit einem Zitat aus dem sogenannten Kritik-Beschluss gefordert wurde:

»In Rezensionen und anderen Beiträgen noch sorgfältiger herauszuarbeiten, welche neuen Kunstwerke zu festen sozialistischen Überzeugungs- und Verhaltensweisen und zur Ausprägung kommunistischer Ideale beitragen und welche nicht«, murmelte sie beim Überlesen dieser Passage im Kongressprotokoll das Wort *Mumpitz*. Vor allem aber fragte sie mich nach dem Hintersinn der daran anknüpfenden Behauptung des Redners Klaus Jarmatz, des Vorsitzenden des Aktivs für Literaturkritik beim Vorstand des Schriftstellerverbandes, dass »Versuche solcher Art nicht immer gerade Anklang fanden, auch nicht bei der Zeitschrift unseres Verbandes«. Ich erklärte ihr, dass dies schlechtweg eine Unwahrheit sei, ausgerufen von demjenigen, der uns, der Redaktion, seinen für das Heft zum Kongress vereinbarten Beitrag zum Thema Kritik schuldig geblieben war. Vor Druckbeginn musste deswegen ein reservierter Teil des Heftes umdisponiert werden. *Hätte ja auch Mumpitz sein können,* meinte sie grienend. *Hinnerum, da passt mal sehr acht.* Und in der Tat war aus dem »Hohen Haus« bald zu vernehmen, dass es in Bezug auf die Umsetzung von Parteibeschlüssen beim Organ des Schriftstellerverbandes deutlich Handlungsbedarf gäbe. Damit war klar, der Vorwurf lief auf Hintertreibung von Beschlüssen hinaus und hätte zu Konsequenzen führen können. Die Redaktion hatte Erfahrung.

Im Sommer 1982 ließ Anna Seghers mich wissen, dass sie jetzt in einem Heim nahe dem Müggelsee lebe, wo sie die notwendige Pflege bekomme. Als ich sie dort besuchte, traf ich sie mit ihrer Sekretärin beim Diktat an. Langweilig sei es ihr hier natürlich, sagte sie, sie könne nicht schreiben, weil sie *ihre Sachen* vermisse, höchstens diktieren und vor allem lesen – zum Beispiel in der NDL. Dort habe ein Artikel über Fallada *großen Eindruck gemacht,* den sie *vorzüglich geschrieben fand, besser als die meisten Veröffentlichungen dieser Art von Literatur.* Es handelte sich um eine Besprechung des Buches »Hans Fallada. Sein großes kleines Leben« von Werner Liersch. Es habe *ja auch etwas mit Literatur-Journalismus zu tun,* der leider *bei uns sehr selten geworden* ist. Ich bat sie, ihren Eindruck dem Kollegium und vor allem dem Chefredakteur mitzuteilen, weil es seit langem vor allem meine Absicht sei, feuilletonistisch akzentuierten Beiträgen den Vorrang gegenüber Rezensionen zu geben. *Erraten,* antwortete sie, einen solchen Brief habe sie schon diktiert; Frau Hildebrand werde ihn schreiben, ihn mir aber auch gleich aus dem Stenogramm vorlesen.

Wenige Zeit später hatte mir die Autorin durch eine Betreuerin mitteilen lassen, dass ich sie *möglichst bald, aber auch nicht übermäßig schnell besuchen* solle. Ich zögerte nicht, diesem Wunsch zu folgen, wenn auch mit Beklemmung, weil ihre Tochter mich gewarnt hatte, dass ihre Mutter nicht mehr ganz sie selbst sei. Mein Eindruck war differenziert. Längere Pausen des Grübelns wechselten mit mühevollen Versuchen des Begriffsfindens, gelegentlich schien sie auch für Minuten im Erinnern zu verharren. Dennoch kam sie, kaum dass ich das Zimmer betreten hatte, auf *die Sache mit Franz,* dem Freund und Nothelfer F.C. Weiskopf, zurück, die sie beschäftigt haben musste. Sie hatte sich in Gesprächen vorher nicht daran zu erinnern vermocht und Erklärungen gegeben, die an der Sache vorbeigingen. Nun bestätigte sie, dass sie aus Zeit- und Kraftmangel Franz Weiskopf für sein literarisches Schreiben sicherlich freundschaftliches Interesse schuldig geblieben sei, ja, das *stimme vermutlich, stimme sie aber nit hoch.* Allerdings habe sie später auch einiges für ihn getan. Davon habe sie mir doch erzählt. Mich überraschte, dass sie sich daran erinnerte, denn es lag schon länger zurück, bezog sich auf ein Gespräch im Sommer 1978. Kurz nach dem Tod ihres Mannes hatte sie mir vorgeschlagen, sie im »Haus am See«, einem Gästehaus des Ministerrats bei Lindow in der Mark, zu besuchen. Da war ihr die Mitteilung wichtig, dass sie nach Franzens Tod über manche Briefe mit Grete Weiskopf gesprochen und ihr vorgeschlagen habe, einige zu sekretieren, da sie auf Uneingeweihte befremdlich wirken und den *Blick auf die Realität verstellen* könnten. Sie habe mit Franz Weiskopf nie *Krach gehabt, schon gar nicht politischen.* In der Zeit seiner *Bedrängung in Prag* – gemeint waren die stalinistischen »Säuberungen« – habe sie sich nachdrücklich für ihn eingesetzt – zum Beispiel Walter Ulbricht in einem eindringlichen Gespräch von einer beschleunigten Übersiedelung von Grete und Franz nach Berlin überzeugt. Ulbrichts drollige Reaktion hatte sie spaßig nachgeahmt: »No, da wärn mor schon sähn.« Während sie die Hollywoodschaukel ins Schwingen brachte, hatte sie mich gebeten, darauf zu achten, dass sich niemand hinter ihr aufhält. Es schien ihr wichtig zu sein, mir Zusammenhänge zu erklären, von denen sie wollte, dass ich sie *richtig verstehe.* Schließlich forderte sie mich auf, sie bei einem Spaziergang durch den Park zu begleiten. Sie nutzte die Krücke und hakte sich bei mir unter. Geradenwegs steuerte sie auf eine abseits stehende Bank zu. Kaum dass sie sich gesetzt und die Arme wohlig verschränkt hatte, sagte sie: *Schön hier, nur manchmal viel Leute.* An diesem Tag waren es nur wenige, so dass selbst Tochter Ruth, die besorgt auftauchte, zu stören schien: *Willst 'n?* »Wollen Sie sich nicht zu uns setzten?«, fragte ich sie und lenkte das Gespräch auf ihre Arbeit als Chefärztin des Kinderkrankenhauses in Berlin-Weißensee. Doch diese jähe Wendung des Gesprächs schien ihrer Mutter nicht zu gefallen. Gedankenverloren saß sie zwischen uns, bis sie plötzlich mit ausgestrecktem Arm in eine bestimmte Richtung wies: *Dort sei der Sitz Hermann Görings gewesen, erzählt man hier.* Ich hatte sie verdutzt angesehen und ein schelmisches Grienen bemerkt. »Karinhall«, sagte ich, »aber da ist nichts mehr zu sehen.« – *Gott sei Dank,* sagte sie und lehnte sich zufrieden zurück.

Der Umzug nach Friedrichshagen, in den Berliner Ortsteil am Müggelsee, wo sie im Pflegeheim »Clara Zetkin« ein betreutes Wohnen fand, schien sie auf andere Art seltsam mit Literatur und Literaten zusammenzuführen. Man hatte ihr gesagt, dass Wieland Herzfelde, ihr alter Freund, irgendwann ebenfalls dort einziehen würde. Mit ihm, Oskar Maria Graf und Jan Petersen hatte sie von 1933 bis 1935 in Prag die Exilzeitschrift »Neue Deutsche Blätter« herausgegeben. Nun interessierte sie sich aber vor allem für weit ältere Zunftgefährten. Unvermittelt fragte sie, wer zu dem Dichterkreis hier gehört habe. *Ich mein aber nit den Sonntagsverein mit den Dilettanten.* Ich nahm an, dass sie auf einen von Johannes Bobrowski und Manfred Bieler scherzhaft gegründeten »Verein für Gute Literatur und Schönes Trinken« hinauswollte und nannte noch Christa Reinig, die einst von Anna Seghers gegen banausische Anwürfe verteidigte Berliner Poetin, die nach der Verleihung des Bremer Literaturpreises 1964 in München geblieben war. Aber Anna hatte mehr an Autoren gedacht, deren Namen sie auf den Straßenschildern ihres Umfelds gelesen hatte: Wilhelm Bölsche, Bruno Wille und Peter Hille. »Durch! mit Ausrufezeichen«, sagte ich, »so hieß der Verein«, und fügte noch Erich Mühsam, Arno Holz und Maximilian Harden hinzu. *Johannes Schlaf nit*? fragte sie. »Doch, der auch und Richard Dehmel und Gerhart Hauptmann natürlich!« – Da sah ich, dass sie mich spöttisch musterte. *Durch!,* sagte sie, *mit Ausrufezeichen.*

Monate später hatte eine Mitarbeiterin des Heimes in der Redaktion angerufen und mitgeteilt, dass Frau Dr. Seghers sich über einen Besuch freuen würde. Er könne vielleicht auch ihre innere Unruhe mindern. Körperlich ausgezehrt fand ich sie im Lehnsessel, den Blick erwartungsvoll zur Tür gerichtet. Ich hatte mich einige Zeit zurückgehalten, obgleich sie mich gefragt hatte, ob ich ihr Georg Forsters »Ansichten vom Niederrhein« besorgen könne. *Forster hat nit bloß in Mainz die Fenster aufgestoßen.* Da ich Papier und Stifte auf dem Tisch liegen sah, fragte ich, ob sie etwas schreibe. Das sei leider überhaupt nicht möglich: *Nie wieder werde ich dir Neues zeigen können, Altes aber auch nit. Und wenn ich nichts zeigen kann, solltest du lieber nit kommen.* Sie hatte mich abwartend angesehen, doch war ich ihrem Blick ausgewichen. Nach einer Weile zupfte sie mich am, Ärmel: *Duuu, horchemol, wenn ich dich aber rufe, nein anrufe, nein anrufen lasse, dann kommst du?*

Tatenlos war ich zwischendurch auch nicht geblieben. Sie hatte mir unlängst gesagt, dass sie immer gerne ein Haus hätte haben wollen, mit einer großen Türe, durch die man in die Sonne rollen könne: *Mit einer Flügeltür ins Freie fliegen!* Ich hatte daraufhin den Sekretär des Schriftstellerverbandes gefragt, warum es nicht möglich sei, ihr diesen sehnlichen Wunsch zu erfüllen, um der auf Hilfe Angewiesenen eine Betreuung in einer ihr vertrauten Lebens- und Arbeitsatmosphäre zu ermöglichen. »Ach«, sagte der, »eine Flügeltüre hatten wir ihr schon einmal für ihr Sommerhaus beschafft. Kaum war sie geliefert, wollte sie keine, weil sie Angst vor Einbrechern hatte.« Da hatte ich das Gefühl, mich in etwas eingemischt zu haben, was mich nichts anging. So fragte ich diesmal nur, ob sie etwas zu ihrer Bequemlichkeit benötige, einen höhen- und neigungsvariablen Rolltisch zum Beispiel. Ich skizzierte seine Form perspektivisch und betonte das zweckdienlich seitlich gestellte Einbein. Anna Seghers schaute mir gespannt auf die Finger. *Wie'n Galgen*, bemerkte sie. Solch begehrtes Möbel, sagte ich, werde von einer Firma in der Kleinen Auguststraße hergestellt. Da amüsierte sie der Straßenname: *Komische Auguste kenn' ich einige, dumme viele, kleine jedoch überhaupt nit.* Von meinem Vorschlag hielt sie allerdings nichts. *Meine Aufgabe ist es, wunschlos unglücklich zu sein.* Diese Äußerung empfand ich als ein Zeichen ihrer noch wachen Lust am Wortspiel.

Bei einem späteren Besuch, meinem letzten, sagte sie unvermittelt, nachdem sie lange nachgesonnen hatte: *Duuu, jetzt pass mal acht …* Dann erzählte sie stockend und hüstelnd von einem sonderbaren Begebnis mit einem Brief von Heinrich Heine. Ich hatte ihn gerahmt an der Wand ihres Arbeitszimmers gesehen, mir aber versagt, nach seiner Herkunft und seinem Inhalt zu fragen. Ich ahnte wohl um die symbolische Bedeutung des Dokuments. *Von Heine an seine Mutter*, sagte Anna mit leiser, heiserer Stimme und sah mich mit großen Augen aus tiefen Höhlen an. Was hatte sie zu diesem Hinweis bewogen, da ich nach dem Brief gar nicht gefragt hatte? Ich wußte, dass es ihr nicht gelungen war, ihre Mutter vor Deportation und Tod zu retten. Bewegte sie nun die Rettung des Briefes*? So blieb ich eine Weile neben ihr sitzen, sagte nichts und fragte nichts. Als sie die Augen lange geschlossen hielt und ich

* Einen Bericht über die Rettung des Heine-Briefes im Zelluloid-Körper einer Kinderpuppe gibt Nadine Steinitz, die Tochter von Jeanne und Kurt Stern, in der »Berliner Zeitung« vom 16./17. Juni 2018 (Gerhard Lehrke); dort auch eine Abbildung des in der Staatsbibliothek zu Berlin verwahrten Autographen.

ihre ruhigen Atemzüge vernahm, erhob ich mich leise. Da griff sie nach meinem Arm und drehte mir fragend das Gesicht zu. »Ich komm wieder«, sagte ich und ahnte doch, dass es ein Versprechen bleiben würde. Von der Türe aus sah ich, dass sich eine Strähne ihres weißen Haares über ihr furchiges Antlitz gelegt hatte, auf dem – schmerzlicher Widerspruch – ein Lächeln stehen geblieben war. Das Lächeln einer jungen Frau.

GESPRÄCHE

Mit einem Telefonanruf bittet Anna Seghers, sie recht bald zu besuchen; sie möchte gerne Genaueres erfahren über einen in der Zeitschrift »Neue Deutsche Literatur« in Fortsetzung veröffentlichten Aufsatz zur Identität des nach der Zerschlagung der Münchner Rätedemokratie untergetauchten Schriftstellers Ret Marut mit dem weltbekannten Autor des Romans »Das Totenschiff« B. Traven. Sie möchte gerne wissen, wo Rolf Recknagel, der Autor des Aufsatzes, lebt und welchem Beruf er nachgeht: »Er befindet sich nämlich auf der richtigen Spur, das möchte ich ihm rasend gerne schreiben.«

3. April 1961

ANNA SEGHERS Ich habe die Aufsätze über Traven gelesen, sie haben mir sehr zugesagt. Solche Beiträge sind ein Gewinn für die NDL. Wie du sicherlich weißt, hat die amerikanische Zeitschrift »Life« einen Preis ausgesetzt für denjenigen, der herausfindet, wer Traven wirklich ist? Schickt denen mal die Hefte.

ACHIM ROSCHER Ist schon geschehen, wir haben auf Recknagels Forschungsergebnisse in einem Begleitbrief besonders hingewiesen. Sicherlich werden die »Life«-Leute die Arbeit von jemandem aus der DDR aber gar nicht zur Kenntnis nehmen – oder höchstens, um auf ihre Weise Information und Gewinn daraus zu ziehen. Auch deswegen schien uns wichtig zu sein, den Aufsatz schon jetzt in Teilen zu publizieren. Wir hoffen natürlich auch auf Reaktionen, die Recknagel weiterhelfen können. Du warst doch auch in Mexiko.

SEGHERS Deswegen möchte ich Recknagel gerne zur Weiterarbeit ermuntern.

ROSCHER Ein Brief wäre gut. Vor allem ist wohl seine Methode zu loben, denn er hat Traven nicht mit dem Teleobjektiv aufgelauert, er geht textanalytisch vor und bedient sich der stilkritisch-komparativen Methode. Das müsste einem Autor wie Traven doch imponieren. Aber wie stellt man es an, dass unsere Zeitschrift überhaupt in seine Hände kommt? Übrigens wird Wolfgang Joho, der Chefredakteur, für Recknagel einen Arbeitszuschuss beim Kulturfonds erwirken – mit Unterstützung des Schriftstellerverbandes, das wirst du erfahren.

Ende August 1964

SEGHERS Ich habe Zweifel, dass die Sache mit dem Schilfrohr technisch so möglich ist, befürchte auch, dass durch Unrichtigkeit die Erzählung* an Glaubwürdigkeit einbüßt. Du hast dazu nichts gesagt. Du denkst, dass es möglich ist?

ROSCHER Das Problem ist mir so nicht bewusst geworden. Aber jetzt fällt mir ein, dass Schilfrohr in bestimmten Abständen Wachstumsknoten hat und an diesen Stellen nicht durchlässig sein könnte. Das lässt sich prüfen. Doch meine ich, dass man sicherlich dicke und lange Halmabschnitte auch ohne Knoten finden wird. Ich kann mir eher nicht recht vorstellen, dass die durch ein Schilfrohr gezogene Luftmenge überhaupt zum Überleben unter Wasser ausreicht. Taucherschnorchel sind nicht ohne Grund viel dicker.

SEGHERS Die Geschichte soll wirklich passiert sein. Ich habe in Tatranska Lomnica verschiedene Leute befragt,

* Gemeint ist die Erzählung »Das Schilfrohr«.

Diese Geschichte gehört zu einer Serie von Erzählungen mit dem gemeinsamen Titel „Die Kraft der Schwachen"

Das Schilfrohr

von Anna Seghers

Ein kleines Anwesen an einem See hinter Berlin war vormals im Besitz der Familie Emrich. Sie bauten hauptsächlich Gemüse an. Ihr einstöckiges gut gehaltenes Haus war vom Ufer durch einen schmalen Gartenstreifen getrennt. Das Ufer war flach, es fiel ganz allmählich ab, dicht stand das Schilf, wie fast überall um den See herum. Vom Bootssteg führte der mit Kiesel bestreute Weg zu einer Glasveranda, mit der man in einer Zeit des Wohlstandes das Haus erweitert hatte. Meistens wurde der Weg benutzt, der von der Landstrasse her ins Haus führte. Aus einem kleinen Vorplatz gelangte man sowohl in die Wohnstube wie in die Küche und aus der Küche durch eine Luke in den Keller. Die Kellertür nach der Seeseite wurde nicht mehr benutzt, sie war mit allerhand Vorräten verstellt, und auch das Kellerfenster war so verstellt, dass es kaum Tageslicht durchliess.

Die Familie Emrich hatte einmal im nächsten Dorf eine Wirtschaft besessen und die Schmiede, die ihr gegenüber lag. Dort hatte man Pferde beschlagen und Pflüge und Ackergerät repariert.

Einige Jahre vor dem Krieg war Vater Emrich an den Folgen eines Huftritts gestorben. Man sagt: Ein Unglück kommt selten allein. Vielleicht war er eine Spur weniger achtsam als sonst gewesen, verstört durch den Tod seiner Frau, der ihn kurz zuvor überrascht hatte. —

Die beiden Söhne wurden eingezogen. Der Krieg verlängerte ihren Dienst ins Ungewisse. Einer erlebte den Einmarsch in Polen, der andere die Landung in Narwik.

Inzwischen hatten entfernte Verwandte Wirtschaft und Schmiede übernommen. Die einzige Tochter, Marta Emrich, besorgte das Anwesen. Sie setzte ihren Ehrgeiz darein, möglichst alles selbst zu erledigen. Sie nahm nur manchmal eine Hilfe auf Taglohn, z.B. um das Haus zu streichen, damit es ordentlich aussähe, wenn einer der Brüder auf Urlaub käme. Sie besorgte nicht nur zum grössten Teil die Gemüsegärtnerei, sie tapezierte selbst die Zimmer, und sie teerte das Boot, das meistens unbenutzt am Steg lag. Vom See aus wirkte das weisse Haus mit Heckenrosen freundlich und einladend.

Manuskriptseite mit Korrekturen der Autorin für den Vorabdruck in der NDL 10/64 was sie dazu meinen; alle sagten, dass es möglich sei. – Das Technische sei für den Inhalt der Erzählung nicht so wichtig, meinst du?

ROSCHER Ja, das meine ich. – Und wie war die Kur?

SEGHERS Ferien waren das, es war keine Kur. Ich hab mich erholt, obwohl es mir nicht gerade doll gut ging.

7. Juli 1965

ROSCHER Wir haben den Korrektur-Umbruch deines neuen Erzählungsbandes* gelesen, deine Lektorin hatte ihn uns zur Verfügung gestellt, da es mit dem Erscheinen, wie uns gesagt wurde, offenbar doch noch einige Zeit dauern wird. Wäre da vielleicht eine weitere Geschichte für uns zum Abdruck möglich? »Das Schilfrohr« hattest du uns voriges Jahr schon gegeben …

SEGHERS Du horchemol gut her, aus diesem Manuskript möchte ich nichts mehr vorher abdrucken lassen.

ROSCHER Vielleicht kann ich dich umstimmen; kurz vor dem Erscheinen macht man doch gern auf des Buch aufmerksam. Übrigens: Elli Schmidt** hat dir auch etwas geschickt, eine Art Ausgrabung.

SEGHERS Nein, auch die Ausgrabung, möchte ich jetzt nit wieder gedruckt sehen, keinesfalls. Sage ihr das eindringlich. Das geht auch nicht mit einem Vorspann, du wirst dich vergebens bemühen.

* Es handelt sich um den Band »Die Kraft der Schwachen. Neun Erzählungen«.

** Mitarbeiterin der NDL-Redaktion; nicht identisch mit der Vorsitzenden des Demokratischen Frauenbundes Deutschlands. Bei der »Ausgrabung« handelt es sich um das frühe Hörspiel »Ein ganz langweiliges Zimmer«, veröffentlicht später in NDL Heft 5/1973.

ROSCHER Das verstehe ich, da sollte man nichts übers Knie brechen. Aber was den neuen Erzählungsband angeht, so möchte ich dich bitten, deinem Herzen einen Stoß zu geben.

SEGHERS Nein, da bleibe ich ganz hart, und ich will auch meinem Herzen keinen Stoß geben. Bitte, versteh das. Wenn ich ein neues Manuskript habe, erfährst du es rechtzeitig. Das verspreche ich.

[?] *Herbst 1965*

SEGHERS Joho sagte mir von einem grotesken Gespräch mit Bruno Haid*; bezeichnete es als eine starke Zumutung.

ROSCHER Mehr noch, ein böser Versuch war es, die Zeitschrift nach sowjetischem Modell zu einem Organ für den Abdruck ganzer Romane in Fortsetzungen umzumodeln.

SEGHERS Und was hatte der Haid damit zu tun?

ROSCHER Er war in seiner Funktion dabei – oder umgekehrt: Hans Koch** war in seiner Funktion als Verbandssekretär dabei, und Haid hatte als Hauptabteilungsleiter für Verlage und Buchhandel den Auftrag, die Schnapsidee vermutlich mit dem Hintergedanken durchzusetzen, die betreffenden Texte dann nicht mehr als Bücher herausbringen zu müssen. Wir waren entsetzt, es wäre das Aus für die Zeitschrift gewesen. Joho nannte den Vorgang perfid, paffte während des Gesprächs erregt

* Bruno Haid, 1958–1973 Leiter der Hauptabteilung Verlage und Buchhandel im Ministerium für Kultur.

** Dr. Hans Koch, 1963–1966 Erster Sekretär des Schriftstellerverbandes.

eine Pfeife nach der anderen und ging auf Frontalkurs: Totschlagversuch. Haid hat den Unsinn zu rechtfertigen versucht, aber dann hat Koch geredet und geredet, Haid war zwischendurch kurz eingeschlafen.

SEGHERS Oder tat so?

ROSCHER Kann auch sein. Ich saß ihm gegenüber und dachte zunächst, dass er konzentriert zuhören würde. Aber er war, schien mir, wirklich zeitweise regelrecht weggetreten.

SEGHERS Kaum zu glauben.

ROSCHER Aber wahr. Vor allem war klar, dass man etwas zu installieren versuchte, um der Zeitschrift mit langen Romanabdrucken die Leser zu vergraulen. Eine taktische Absicht.

SEGHERS Wenn auch kaum zu glauben.

ROSCHER Joho scheint von dem Ansinnen etwas geahnt zu haben, denn er hatte zu dem Gespräch nur den engeren Kreis der Redaktion hinzugeladen.

SEGHERS Und wie endete das Gespräch?

ROSCHER Mit heftiger Gegenrede der Redakteure und dem Abbruch ohne Vereinbarung. »Nur über meine Leiche« war Johos letztes Wort. Danach drehte er sich zum Schreibtisch, griff seinen Tabaksbeutel und stopfte betont langsam und wortlos seine Pfeife. Da verabschiedeten sich Koch und Haid. Joho hielt ihnen lasch die Hand hin, ohne aufzublicken. Wir dachten natürlich, dass du über die Sache informiert worden bist.

SEGHERS Eben nit.

ROSCHER Auch ein Skandal, aber damit ist ja eigentlich alles klar. Oder?

1. Mai 1967

Anfang April hatte ich Anna Seghers das Manuskript ihrer Novelle »Das wirkliche Blau«, das sie mir zunächst nur zur kritischen Lektüre gegeben hatte, noch einmal mit Korrekturen und Vorschlägen zurückgereicht. Einige Anmerkungen hatte sie verworfen, andere für bedenkenswert erachtet und ein Treffen vorgeschlagen, um einiges besprechen zu können. Leider musste sie vorgesehene Termine absagen, so dass der Nachmittag des 1. Mai, nach dem Buchbasar, als gute Chance in Frage kam. An dem Tag werden wir Ruhe haben, da wird man nichts von mir wollen, Türe zu. *Wir verabredeten uns auf 16 Uhr.* Als ich aber am 1. Mai *gegen Mittag am Stand des Aufbau-Verlags hörte, dass man Anna Seghers nach Hause gebracht habe, weil es ihr nicht gut ging, beschloss ich auf den vereinbarten Besuch in der Volkswohlstraße zu verzichten und die Schriftstellerin auch nicht telefonisch zu stören. Am Nachmittag kam gegen 17 Uhr unsere Tochter Katrin, damals dreieinhalb Jahre alt, in mein Arbeitszimmer und sagte, es sei »Annu« am Telefon. Ich vermutete, dass sie mich foppen wollte, den Namen »Anna« hatte sie öfter von uns gehört. Vorsichtshalber lauschte ich aber in die Sprechmuschel des Hörers, der an der Strippe baumelte, und hörte Annas Stimme.*

SEGHERS Hochemol, waren wir denn nicht verabredet?
ROSCHER Ja doch, aber ich hörte, dass es dir nicht gut ging und man dich nach Hause bringen musste.
SEGHERS Na dann komm doch mal jetzt, wenn du kannst.

Ich fuhr sofort in die Volkswohlstraße. Als ich die Treppe hocheilte, hörte ich Anna rufen: Langsam, nit verausgaben.

ROSCHER Entschuldige bitte, aber ich meinte, dass ich dich nicht belästigen sollte, wenn es dir nicht gut geht.

SEGHERS Ach was, mir geht's leidlich, ich wollte nur die Leute nicht enttäuschen, habe mich doch auch eine Weile dort hingesetzt. Kam mir vor wie auf'm Heiratsmarkt, das hat mir nit gar so gut gefallen.

ROSCHER Aber es waren doch deine Leser und Verehrer.

SEGHERS Leser hin und Verehrer her, ich habe ja auch eine Weile am Stand gesessen, um sie nicht zu enttäuschen. Aber hätte ich gesagt, dass ich weg muss, um zu arbeiten oder um mich mit jemandem zu treffen, hätte ich keine gute Figur gemacht. Aber nicht gutgehen darf es mir, ich bin schließlich kein junges Ding mehr. – Was wollen wir denn nun trinken?

ROSCHER Wasser würde mir recht sein, Kaffee habe ich schon getrunken.

SEGHERS Gut, werden wir ein Wasser trinken, Wässerchen, das mir [Konstantin] Fedin geschenkt hat.

5. Dezember 1968

(Krankenhaus, Berlin Scharnhorststraße)

SEGHERS Ich bitte dich, in der Redaktion dafür zu sprechen, dass schnell etwas über Christa Wolfs Roman* erscheint. Sie hat's sehr schwer mit ihm.

ROSCHER Wir haben schon eine Rezension in Auftrag gegeben, nachdem wir die Andrucke bekommen hatten.

SEGHERS Nach Andrucken?

ROSCHER Korrekturabzüge sind's. Etwas anderes steht noch nicht zur Verfügung. Das Buch ist noch nicht raus.

* Gemeint ist »Nachdenken über Christa T.« von Christa Wolf.

SEGHERS Im Staatsrat wurde es aber schon verrissen, bevor es erschienen ist, und keiner gibt denen was aufs Maul.*

ROSCHER Wann war das?

SEGHERS Im Oktober auf der Kulturberatung. Walter Ulbricht soll allerdings *für* das Buch, jedenfalls nicht gegen es, gesprochen haben. Genaueres weiß ich auch nicht.

ROSCHER Da solltest du etwas für das Buch tun, für uns etwas schreiben, es muss kein langer Artikel sein, auch eine kurze Betrachtung wäre sinnvoll, wäre ein Signal.

SEGHERS Der Becher-Film** soll ebenfalls zurückgezogen worden sein; das ist doch ein Skandal, der einen zermürbt. Wer weiß, wie es meinem Film*** ergehen wird, das ist jetzt alles nicht abzusehen.

* Bezug auf die 13. Staatsratssitzung vom 18. Oktober 1968, die sich – wie auch die folgende 9. Tagung des ZK der SED – auf Fragen der Kultur konzentrierte. Die Eröffnungsrede hielt Walter Ulbricht, das Hauptreferat der Minister für Kultur Klaus Gysi. In der Diskussion sprachen laut Bericht im »Neuen Deutschland« fünfzehn Teilnehmer, deren Reden jedoch nur in Auszügen wiedergegeben wurden. Ein Verriss des Romans ist denen nicht zu entnehmen, so dass die Öffentlichkeit auch nicht informiert sein konnte.

** »Abschied«, Film von Egon Günther nach Johannes R. Bechers gleichnamigen Roman. Eine Kritik an dem Film übte laut »Neues Deutschland« vom 28. 10. 1968 ZK-Kandidat Hans-Dieter Mäde auf der 9. Tagung des ZK der SED (22.–25. 10. 1968), der dem Autor und Regisseur »Konzessionen an sogenannte moderne Mittel« und Zurückbleiben hinter dem Becherschen Geschichts- und Menschenbild vorwarf. Hinter solchen Anwürfen standen die Auseinandersetzungen um die Konvergenztheorie (Annäherung und Verschmelzung der beiden konträren Gesellschaftssysteme zu einer modernen Industriegesellschaft).

*** »Die Toten bleiben jung«, Film von Joachim Kunert nach dem gleichnamigen Roman von Anna Seghers. Dramaturg war Walter Janka.

ROSCHER In wenigen Kinos läuft der Becher-Film noch. Aber dass er einigen verbohrten Leuten nicht in den Kram passt, hörte ich auch.

SEGHERS Du hast ihn gesehen? Wie ist er?

ROSCHER Es ist ein bemerkenswerter Film, obgleich in manchem kritisierenswert. Dass er zurückgezogen worden sei, hörte ich auch, weiß jedoch nicht, ob es stimmt. – Wir sollten uns aber auf Christa Wolfs Buch konzentrieren. Und wenn du etwas schreibst, würde das förderlich sein, eine Äußerung von dir kann man nicht unter den Teppich kehren, du hättest Zeit, ohnehin sind uns die Hände gebunden, wir müssen abwarten, um den Chef nicht zusätzlich in die Bredouille zu bringen.

SEGHERS Wer bindet denn euch die Hände?

ROSCHER Werner Neubert, der Chefredakteur, hat die Weisung erhalten, das Buch nicht besprechen zu lassen – eine unglaubliche Anmaßung, die man nicht eilfertig negieren kann, sonst würde's noch schwieriger werden. Außerdem ist der Chef sehr einverstanden das Verbot zu unterlaufen und eine Besprechung vorzubereiten, um sie, wenn das Buch »draußen« ist, sofort veröffentlichen zu können. Als Monatszeitschrift sind wir in Bezug auf Schnelligkeit nicht sehr beweglich. Ich hatte deswegen mit Heinz Sachs und Martin Reso* vereinbart, dass wir von problematischen Neuerscheinungen vertraulich Andrucke bekommen, um unseren technischen Vorlauf verkürzen zu können, zugleich aber das Versprechen gegeben, nichts zu überstürzen, was die Auslieferung gefährden könnte. Dies entre nous, darum bitte ich.

SEGHERS Wer denn hat die Weisung gegeben?

* Heinz Sachs und Dr. Martin Reso: Verlagsleiter und Cheflektor des Mitteldeutschen Verlages in Halle/S.

ROSCHER Kurt Hager* oder seine Satrapen. Der Vorgang ist jetzt Sache des Chefredakteurs, der's nicht leicht hat. Wir wollen tun, was wir können, aber nicht blindlings vorpreschen, das wäre problematisch, schon deswegen, weil wir auch die Kollegen des Verlags nicht politisch düpieren dürfen, die uns wider die Regel des Systems unterstützen möchten, um bei Erscheinen eines Buches mit einer Rezension präsent sein zu können**.

SEGHERS Wann erscheint denn Christas Buch?

ROSCHER Das ist nun das nächste Problem: erst im Frühjahr, sagt man. Einen genauen Termin wissen wir nicht, weiß wohl keiner. Aber um schnell reagieren zu können, muss man schon jetzt etwas tun. Jedenfalls hättest du Zeit, etwas zu schreiben? Das wäre sehr gut. Es muss ja kein langer Artikel sein.

SEGHERS Ich bring jetzt überhaupt nichts fertig, bin so schrecklich durcheinander, das sind Vorgänge, die einen aus der Spur werfen können. Ich kram jetzt immer in alten Sachen rum, um überhaupt etwas zu tun. So fand ich eine Erzählung, die ich als junges Mädchen geschrieben habe: »Die Wellblechhütte« heißt sie. Diese Geschichte ist seltsamerweise nie wieder gedruckt worden. Vielleicht liest du sie einmal – nicht jetzt, das würde zu lange dauern – und sagst mir nächstens deine Meinung. Ich möchte gern herausfinden, was an ihr nit richtig ist oder nit gut.

* Kurt Hager, Mitglied des Politbüros der SED, Leiter der ideologischen Kommission.

** Die NDL druckte eine Rezension von Dr. Horst Haase in Heft 4/1969.

11. Dezember 1969

SEGHERS Ich soll Bücher signieren, sagtest du.

ROSCHER Nicht viele.

SEGHERS Aber wenige auch nicht, das seh ich schon an deiner dicken Tasche; es wird sich gleich zeigen.

ROSCHER Keine Sorge, es sieht schlimmer aus. Aber ich hatte es einigen Lesern zugesagt, da sie mich darum baten.

SEGHERS Weißt du, das mach ich nit gar zu gerne, ich hab immer Furcht, mich zu verschreiben und alles zu verderben. Du musst wissen, dass ich mich auch auf Buchbasaren nach einiger Zeit immer verdrück. Manche Leser wollen sogar etwas Besonderes eingeschrieben haben, da komme ich oft in Verlegenheit, weil ich nicht verstehe, was sie hineingeschrieben haben möchten oder weil mir nichts einfällt.– Aber nun reich mir die Bücher mal der Reihe nach aufgeklappt zu.

ROSCHER Es liegen bei einigen Zettel dabei, auf denen die Namen der Besitzer notiert sind, vielleicht schreibst du den Namen dazu – mit einem Gruß an XY.

SEGHERS Wenn ich dann schreibe, für X oder Y von Anna Seghers – geht denn das? Ich zweifel immer.

ROSCHER Ja, anders geht's wohl nicht. Das Datum gehört noch dazu: der 11. Dezember ist heute.

SEGHERS Aber es klingt ja so, als würde ich dem Betreffenden das Buch schenken. Das stimmt nit. Es ist ja schon seins, denn er hat's gekauft, du hast es nur mitgebracht.

ROSCHER Das ist unerheblich, das versteht sich schon.

SEGHERS Dann mach mal.

ROSCHER Und eine zusätzliche Mühe möchte ich dir auch nicht ersparen bei dieser Gelegenheit.

SEGHERS Eine zusätzliche?

ROSCHER Auch mir ein Buch zu signieren, ein bestimmtes.

SEGHERS Welches?
ROSCHER »Das Siebte Kreuz«.
SEGHERS Gerade das?
ROSCHER Ja. Und ich hätt's gerne von dir, hab's deswegen auch nicht mitgebracht.
SEGHERS Du möchtest schnorren.
ROSCHER Klar, wenn ich dich das nächste Mal besuche.

[?] *Dezember 1969*

SEGHERS Ich habe dein Gutachten* über die Arbeit von Recknagel unverändert weitergeschickt. Und an Abusch außerdem einen Brief geschrieben.
ROSCHER Eine Kopie des Gutachtens habe ich als Begründung auch an den Schriftstellerverband gegeben, da Recknagel nun Mitglied ist; ich war sein Aufnahmebürge. Dies nur, damit du dich nicht wunderst, wenn dir etwas zu Ohren kommt. Ich glaube, dass der Vorschlag im Präsidium durchgehen wird. Immerhin haben wir an der schwierigen Geburt des Buches einen bescheidenen Anteil.
SEGHERS Ich bin dafür, ich habe Recknagel auch geschrieben, damals. Du kennst den Brief**?
ROSCHER Recknagel hat ihn mir gezeigt, bevor er im »forum« stand.
SEGHERS Pass nur mit auf, dass unser Vorschlag nicht irgendwo in die Ablagen gerät oder liegenbleibt.

* Es handelt sich um Vorschläge und Begründungen zur Auszeichnung Rolf Recknagels mit dem Heinrich-Heine-Preis. Alexander Abusch war zu dieser Zeit stellvertretender Minister für Kultur.

** Der Brief wurde veröffentlicht in »Über Kunstwerk und Wirklichkeit«, Bd. 2: »Erlebnis und Gestaltung«, Akademie Verlag, Berlin 1971. Den Heinrich-Heine-Preis erhielt Rolf Recknagel 1970.

ROSCHER Ich werde, wenn du einverstanden bist, mal nachfragen, damit die Sache nicht ins Hintertreffen gerät. Der Preis wäre für Recknagel auch aus finanziellen Gründen jetzt sehr wichtig. Er hat Familie, Kinder, ist aus dem Lehrdienst bei der Bibliothekar-Schule so gut wie ausgeschieden, um wissenschaftlich arbeiten zu können; gesundheitlich ist er auch nicht gut dran, er leidet an einer Verletzung aus dem Krieg, die ihm von Zeit zu Zeit heftig zusetzt, schrecklich. Der Preis wird ihm und der Familie eine Hilfe sein. Und er wird seinem Forschen Auftrieb geben, das er mit eigenen Mitteln finanziert.

SEGHERS Und er muss darum besorgt sein, dass seine Forschung auch öffentlich wahrgenommen wird.

ROSCHER Er ist sehr bescheiden, macht wenig von seiner Arbeit her, darin könnte ein Problem liegen.

3. Mai 1971
(Telefonanruf)

SEGHERS Ich habe alle in die Manuskriptkopie* eingetragenen Korrekturen angesehen und bemerkt, dass sie nützlich sind. Ich werde folglich nichts zurücksenden. Allerdings habe ich mir überlegt, dass es nicht zweckmäßig wäre, über das Kapitel den Gesamttitel der Geschichte zu setzen, wie es deine Kollegin empfiehlt. Das würde die Leser zu einem Irrtum führen. Achte sehr darauf. Und die Autorkorrektur schickst du mir dann bitte – wie immer.

* Betrifft einen Vorabdruck aus der Erzählung »Überfahrt«.

20. Februar 1973 [?]

SEGHERS Wir wollen jetzt sofort mit der Arbeit beginnen, es soll uns niemand stören. Ich wollte dir zunächst sagen, was ich so nit schreiben will: Der größte Fehler, den man einem Kritiker ankreiden muss, ist, wenn er Autoren, ja gar einer Literatur Methoden aufdrängen will. Das hat Lukács leider – das sage ich gar nicht gerne – mit relativem Erfolg getan oder zu tun versucht. Dagegen musste man sich wehren.*

ROSCHER Dann wäre es vielleicht richtig, deine Abmilderung von »Methoden aufgedrängt« in »nach Methoden eingeschätzt« zurückzuwandeln?

SEGHERS Das ist mir zu stark. Denn wenn Schriftsteller nicht bereit sind, Oktroyierungen zu akzeptieren, nehmen sie diese auch nicht auf. Aber hier herrschte Aufnahmebereitschaft. Und der Batt** hat völlig recht, wenn er auf die Probleme verweist, allerdings selbst auch einem Irrtum unterliegt.

* Bezug auf die sogenannte Expressionismus-Realismus-Debatte 1938/39; Georg Lukács hatte Kleist, Lenz, Hölderlin, Bürger und die Günderrode zu »Vorläufern der meistens dekadenten Strömungen« disqualifiziert, wogegen Anna Seghers in Briefen an den Literaturtheoretiker polemisierte. Der Briefwechsel wurde in Heft 5/1939 der Zeitschrift »Internationale Literatur« veröffentlicht. 1975 erschien im Reclam-Verlag Leipzig über diese Auseinandersetzung der Sammelband »Dialog und Kontroverse mit Georg Lukács«, an dem sich Kurt Batt mit einem Essay beteiligte.

** Dr. Kurt Batt (1931–1975), Literaturtheoretiker, Essayist, Cheflektor des Hinstorff-Verlags, Rostock, Verfasser der ersten umfassenden Anna-Seghers-Biographie (Reclam Verlag Leipzig 1973). – Die in diesem Gespräch diskutierten Korrekturvorschläge betreffen einen Einwurf der Autorin in einer Gesprächsrunde zum Thema Literaturkritik, veröffentlicht in der NDL, Heft 5/1973.

ndl 10 72

Zwanzig Jahre NDL

Liebe Neue Deutsche Literatur!

Ich gratuliere Dir zu Deinem zwanzigsten Geburtstag. Viel Arbeit steckt in Dir, viel Kopfzerbrechen hast Du deine Redaktion gekostet.

Zum heutigen Tag wünsche ich Dir nicht nur, dass Du besser und besser wirst, ich wünsche Dir einfach, dass Du sehr gut wirst.

Oft hast Du uns zum ersten mal Namen gebracht, die später …

Anna Seghers

ROSCHER Man erschwert sicherlich das Entstehen von Kunst, wenn man Gruppen von Künstlern – das gilt wohl für andere Künste auch – auf eine Denk- und Arbeitsweise festlegen möchte. Das geschieht doch heute ziemlich oft.

SEGHERS Oder auf Themen und auf Ideologie. Das wollen wir aber so direkt nit sagen, da würden wir etwas lostreten und nichts gewinnen, da müssen wir klüger vorgehen. Es genügt schon, wenn deutlich wird, dass sich ein Malheur aufs andere aufpfropfen kann.

ROSCHER Wäre vielleicht nicht doch die eine oder andere Verstärkung am Platz, damit man's merkt?

SEGHERS Ich meine, dass es so reicht. Aber wart mal. Der Lukács hat sich ja nicht nur allgemein gegen einige Autoren gewandt, indem er sie negativ beschrieb, hat er sie angegriffen. Gib das Blatt noch mal her; ja, ändern wir in »angegriffen«.

ROSCHER Aber dann sollte man eventuell noch auf deine Korrektur von »Methode« zu »Darstellung« verzichten? Oder?

SEGHERS Lass es mal so, es wäre mir lieber.

ROSCHER Oder wenigstens die Ausschließlichkeit des Anspruchs durch Betonung, Hervorhebung kritisch zu markieren?

SEGHERS Ja, das mach mal.

ROSCHER Den Begriff »Tendenzen« möchtest du nicht? Ging es denn nur um die Anfänge des Faschismus in der Jugend? Faschismus war sicherlich schon länger virulent in der Gesellschaft, nicht nur in der Jugend und nicht nur in Deutschland, er war vielerorts in Europa vorhanden, fand in Deutschland aber durch zunehmende Massenverelendung allgemeinen Zulauf. Da konnte der Bazillus greifen. Oder?

SEGHERS Ja ja, ich bin nur nicht sicher, so korrigieren zu sollen. Das möchte ich vorläufig nicht, stellen wir's zurück bis zum Andruck. Lukács hat mir wiederholt gesagt, dass er in puncto Faschismus kein Pardon kenne. Und darin war er mir damals so ungeheuer sympathisch, dass ich oft gar keine oder sehr wenig Lust verspürte, gegen ihn zu sein. Und ich hab von ihm auch gelernt, verdanke ihm viel.

ROSCHER Und noch um eine Entschlüsselung muss ich dich bitten, ich kann ein Wort nicht lesen, vermute aber: Hölderlin.

SEGHERS Hölderlin! Oder Kleist, oder Kafka. Hier heißt 's Hölderlin.

10. April 1973

SEGHERS Ich habe euch einen Brief geschrieben, er ist schon weg. In ihm ist ein Diktatfehler enthalten, den ich erst abends bemerkt habe: es muss nicht »eure Verbesserungen« heißen, es muss heißen »ihre Verbesserungen«, das werdet ihr sehen. Mir geht es nicht um stilistische Dinge, sondern darum, dass in dem Artikel jemand das ganz und gar Spezifische des Begriffs von Liebe herauszufinden versucht, das in einer Liebesgeschichte steckt. Was macht Liebe stark, woran kann sie zerbrechen, wie äußert sich unbewusste Liebe in einem Menschen. Liebe ist doch so fürchterlich zerbrechlich.

Es geht mir nicht darum, dass solche Fragen nun gerade an einer Geschichte* von mir abgehandelt wer-

* Es handelt sich um einen Teil des Manuskripts der Erzählung »Die Überfahrt«.

den, ich denke mehr, dass man Gelegenheiten ergreifen sollte, den Radius der Zeitschrift auszuweiten. Und das wäre eine Gelegenheit. Ihr solltet Verbindungen mit ausländischen Zeitschriften knüpfen, und wenn man das mit Problemen unserer Literatur verbindet, kann man euch auch nicht vorwerfen, dass ihr in internationale Literatur ausweicht. Da seid mal schlau.

ROSCHER Das ist sicherlich richtig, allerdings, die Ausweitung geht dann auch wieder nur in eine bestimmte Richtung, in die's ohnehin geht, durch die Verbindungen mit den Schriftstellerverbänden. Es ist nichts dagegen zu sagen, nur es bleibt halt einseitig. Seit Jahren hatten wir kaum Autoren aus der Bundesrepublik, Peter Weiss war eine Ausnahme. Wir bekämen auch kaum Westgeld, um honorieren zu können. Vielleicht muss man ein thematisch fixiertes Heft direkt vorausplanen und die Mittel im Voraus beantragen.

SEGHERS Arbeitskampf oder etwas in dieser Richtung. Thematisch anbinden wäre richtig – so, wie ihr es wohl mit der bildenden Kunst beabsichtigt. Aber nun merke ich, dass ich für unser Vorhaben* heute zu müde bin. Das müssen wir aufschieben. Haben wir noch Zeit?

ROSCHER Allzu lange sollten wir's nicht vor uns herschieben.

SEGHERS Dann wollen wir's fest verabreden. Ich darf nur nit zu müde sein.

* Tonbandgespräch für ein vorgesehenes Heft der Zeitschrift »Neue Deutsche Literatur« (NDL) zum Thema Literatur und bildende Kunst. Es erschien erst im November 1976.

Kurt Batt spricht ~~viel, sehr lobend von der~~ "Hamburger Dramaturgie" Lessings. Und er spricht auch sehr anerkennend von Lukacs. ~~Bei aller großen, ganz~~ ungeheuer ~~großen~~ Bedeutung Lessings, und auch trotz allem, ~~was~~ ich Lukacs verdanke, in einem Punkt, glaube ich, haben die beiden ~~etwas~~ anders auf Schriftsteller gewirkt, als ~~wie~~ es Batt in seinem ausgezeichneten Referat dargestellt hat. Und zwar hat sowohl der eine ~~als auch~~ der andere - Lukacs hat ja Lessing hoch geschätzt - den Fehler gemacht: sie haben dem Schriftsteller ~~auch~~ Methoden ~~aufgedrängt~~. Bei Lessing war das ganz klar: in kleinen Fürstenhöfen ~~aufgewachsen~~, hat mit den Nachfolgen des 30jährigen Krieges noch zu tun gehabt, und hatte eine starke Abneigung gegen das Französische, wie es an diesen Höfen nachgeahmt wurde, ~~so daß sich~~ - das begreift man erst, wenn man es weiß - ~~bei ihm~~ eine tiefe Antipathie gegen den französischen Stil und eine unerhörte Sympathie für die englischen ~~Sachen~~ entwickelte. Er war ein großer Einführer von Shakespeare und so weiter. Das war ~~da~~ gut und richtig. Nur hat er zum Beispiel ~~mir~~ auf viele Jahre jegliches Verständnis für das französische Drama genommen, hat mir den Zugang ~~von~~ Racine erschwert. Das Französische, wie er es an dem kleinen Hof kennengelernt hatte, war ihm ein Greuel. ~~Das hat er überhaupt nicht richtig verstanden.~~

Und Lukacs ist ~~etwas~~ Ähnliches ergangen. Natürlich nicht mit französischem oder englischem Geschmack, sondern damit, daß, wie er mir selbst ~~sagte und~~, womit er ganz recht hatte, sein ganzes Sinnen und Wollen darauf gerichtet ~~ist~~, die Anfänge des Faschismus aus der Jugend wegzuräumen. Aber er hat auf bestimmte Methoden geschworen und hat einen damit recht verrückt gemacht.

besser: Tendenzen?

- 2 -

Zum Beispiel hat ~~er~~ in seinen Artikeln Erzählungen ~~beschrieben,~~
die ich gern hatte ~~und~~ aus denen ich lernte und die ich eine
zeitlang nachmachte. ~~Aber~~ ~~er~~ hat immer Tolstoi mit Zola verglichen, und manchmal beide gegeneinandergesetzt. Und damit hatte
er in manchem Fall vielleicht recht ~~gehabt~~. ~~Jedoch~~ glaube ~~ich~~
nicht, daß ~~er recht~~ gehabt ~~hat~~, wenn er Zola ~~zu~~ tief gesetzt
hat, denn ~~er~~ ~~hat~~ ~~ja auch einige~~ bedeutende Bücher geschrieben.
Und dann ~~hat~~ ~~er sagen wir~~ ~~auch~~ Antipathie gehabt gegen solche -
auch von Goethe - mißachteten Schriftsteller wie Kleist. Kleist
hat uns allen, wenigstens mir, viel geholfen und genützt. Also
finde ich dieses Problem der Methode eine schwierige Sache und
glaube, daß ein Kritiker nicht vorrangig und ausschließlich auf
Methode ~~aus sein~~ sollte.

Autorkorrektur im Mitschnitt des Diskussionseinwurfs von Anna Seghers auf der Vorstandssitzung des Schriftstellerverbandes zum Thema »Literaturkritik als Gesellschaftsauftrag« sowie die Endfassung in der NDL (siehe folgende Seite). Das Hauptreferat hielt der von Anna Seghers geschätzte Literaturwissenschaftler Kurt Batt.

DISKUSSION

Anna Seghers

Kurt Batt lobt Lessings „Hamburgische Dramaturgie". Und er spricht sehr anerkennend von Lukács. Trotz der großen Bedeutung Lessings, trotz allem, was ich Lukács verdanke — in einem Punkt, glaube ich, haben beide anders auf Schriftsteller gewirkt, als es Batt in seinem guten Referat dargestellt hat. Und zwar hat sowohl der eine wie der andere — Lukács hat Lessing hochgeschätzt — einen Fehler gemacht: sie haben die Schriftsteller nach ihren Methoden beurteilt.

Bei Lessing war die Einstellung zu Stil und Methode klar. Er hat an den kleinen Fürstenhöfen seiner Zeit noch immer mit den Folgen des Dreißigjährigen Krieges zu tun gehabt; daher hatte er eine starke Abneigung gegen alles, was den Feudalismus ausdrückte — im gesellschaftlichen Leben und vor allem auch im französischen Drama, wie es an den Höfen gespielt oder nachgeahmt wurde. Das hat bei ihm — man begreift es erst, wenn man den Grund weiß — eine tiefe Antipathie gegen das französische Drama überhaupt und eine ausgesprochene Sympathie für das englische Drama entwickelt. Er führte das englische Drama mit seinem unfeudalen, bürgerlichen Alltag ein.

Das war gut und richtig. Nur hat er mir auf viele Jahre jedes Verständnis für das alte französische Drama genommen, hat mir zum Beispiel den Zugang zu Racine erschwert.

Und Lukács ist es ähnlich ergangen mit Erscheinungen seiner eigenen Zeit, natürlich nicht mit französischem und englischem Geschmack. Mir selbst hat er oft gesagt, daß sein ganzes Streben darauf gerichtet sei, aus der Literatur die Tendenzen zum Faschismus wegzuräumen, so wie Lessing in seiner Zeit die Tendenzen zum Feudalismus wegräumen wollte. Dabei hat Lukács auf bestimmte Methoden geschworen und hat einen damit recht verrückt gemacht. Zum Beispiel hat er in seinen Artikeln viele Autoren angegriffen, die ich gern las, von denen ich lernte, die ich mir oft für meine Arbeit zum Vorbild nahm. Er hat immer Tolstoi mit Zola verglichen und beide gegeneinandergesetzt. Damit hatte er vielleicht in manchem Fall recht. Aber ich glaube nicht, daß er recht hatte, Zola so gering einzuschätzen, denn Zola hat viele bedeutende Bücher geschrieben.

Lukács hat auch Antipathie gehabt gegen solche Schriftsteller — die übrigens auch von Goethe falsch eingeschätzt wurden — wie Kleist. Kleist hat uns aber allen, gerade auch mir, viel geholfen und genützt.

Also, ich finde, das ist eine schwierige Sache, und ein Kritiker sollte nicht ausschließlich auf *eine* Darstellungsmethode schwören.

28. April 1973

ROSCHER Ich hoffe, dass wir dich mit unserer Bitte* nicht zu sehr bedrängt haben.

SEGHERS Es ist zunächst eine Rohfassung. Pass mal acht, ich les dir alles langsam vor, und du sagst mir, was dir nit gefällt. Oder nimm Papier und mach Notizen, da musst du mich nicht unterbrechen. *(Sie liest ihren Entwurf, unterbricht aber selbst mehrmals, um Varianten zu diskutieren. Anschließend diktiert sie mir die Fassung in die Maschine und bittet mich, gleich noch einen Brief an einen Freund in Frankreich zu tippen.)* Wer hat denn noch zu den Festspielen geschrieben?

ROSCHER *Jorge* Amado, Mulk Raj Anand, Miguel Angel Asturias, Tibor Déry, Boris Polewoi, Vercors ..., alles international bekannte Autoren.

SEGHERS Hast du den Artikel über Edith Anderson in der Zeitung »Horizonte«** gelesen? Hundsgemein, was die sich leisten, eine fürchterlich dumme und zerstörende Kritik, ja, dumm und schädlich.

ROSCHER Wir werden das Buch rezensieren, können allerdings nicht sofort auf den Artikel reagieren, das ist bei unseren langen technischen Laufzeiten nicht möglich. Ich denke, dass es trotzdem zu einer interessanten Veröffentlichung kommen wird. Allerdings benötigt der

* Gemeint ist ein Gruß an die Teilnehmer der X. Weltfestspiele der Jugend und Studenten in Berlin, veröffentlicht in Heft 7/1973 der NDL.

** Bezug auf einen Verriss des im Verlag Volk und Welt, Berlin, herausgekommenen Buches »Der Beobachter sieht nichts. Ein Tagebuch zweier Welten« von Edith Anderson in der Wochenzeitung »Horizonte« Nr. 18/1973. Eine sachliche Rezension von Werner Liersch erschien in der NDL 1/1974.

Kritiker auch seine Zeit. Deswegen die Frage: Würdest du auch deine Gedanken zu dem Buch schreiben? Das wäre gut und nützlich, aber es ist mir ein bisschen peinlich, dich zu fragen, weil du doch gerade den Gruß an die Teilnehmer der Festspiele geschrieben hast.

SEGHERS Ich kann's nit machen. Aber wenn ein Kritiker von seiner noch so harten Meinung überzeugt ist, muss er sie sagen können, aber er muss es mit Anstand tun. So etwas wie in »Horizonte« kann Menschen kaputt machen. Ich hasse solche Kampagnen, sie sind verwerflich und schädlich.

ROSCHER Um so besser wäre es, wenn du das schreiben würdest. Es würde sich keiner trauen, deine Meinung zu unterdrücken.

SEGHERS Das denkst nur du. Ich werde mir das überlegen. – Aber jetzt will ich dir noch sagen, dass mir dein Gespräch mit Erich Arendt*, das ich gerade gelesen habe, ausgesprochen zusagt. Du solltest mehr solche Interviews führen, Gespräche, aus denen auch deine Auffassung hervorgeht. Du fragst nit mechanisch, das ist ein Vorteil.

ROSCHER Mit dir würde ich es gerne tun. Aus den Einzelnotizen unserer Unterhaltungen lässt sich schwer etwas Zusammenhängendes kombinieren.

SEGHERS Das denk ich nit, versuch 's doch mal.

ROSCHER Aber heute sollten wir das Tonbandgerät aufstellen, ich kann meine angestauten Fragen nicht wieder einpacken, die Zeit läuft. Auch möchten wir das Heft nicht weiter vor uns herschieben. Ich bin auf deine Antworten angewiesen, weil es von dir kaum Auskünfte über deine Kindheit und Jugend gibt. Man ist auf verstreute

* »Verstehen und Verständlichkeit«, NDL 4/1973.

Hinweise und auf – oft geradezu versteckte – Fingerzeige in deinen Büchern angewiesen.

SEGHERS Ich hätte auch nit gar zu viel Lust, mein Leben zu erzählen. Ich glaube, dass das Wichtigste von mir in meinen Büchern enthalten ist. Was interessiert dich?

ROSCHER Weshalb du gerade Kunstgeschichte und Sinologie studiert hast.

SEGHERS Auch Geschichte.

ROSCHER Jedenfalls nicht Germanistik, was man vermuten möchte.

SEGHERS Dafür gab's einen einfachen Grund. Ich hatte schon als ganz junges Ding eine große Liebe zur Malerei und zur Baukunst. Das hing aber nicht mit Elternhaus und Erziehung zusammen, wie manche denken, sondern mit meiner regen Phantasie. Ich habe, wenn ich ein Bauwerk aus der Römerzeit sah, nicht nur an die Geschichte gedacht, sondern ich erdachte sofort auch Geschichten, ich erlebte diese Geschichten in meiner Phantasie, ich erregte mich und war enttäuscht, dass es meinen Freundinnen nicht so erging wie mir. Ich kam regelrecht ins Spinnen. Oft war ich im Mainzer Dom – aber nicht, weil mein Vater dort immerfort zu tun gehabt hätte, man kannte mich, da war es mir erlaubt, in den Gewölben herumzustreichen. Vor allem die Grundmauern, mit ihren merkwürdigen Rissen und Schrunden, haben mich fasziniert, die zum Teil aus römischer Zeit stammen sollen, obgleich der Bau auf Erzbischof Willigis – er war Kanzler Kaiser Ottos II. – datiert wird. Dieses große, schwere Bauwerk stand schon einige Jahrhunderte auf rissigen Grundpfeilern! Das hat mich fasziniert, und wenn ich heute an den Dom denke, denke ich auch an diese Besonderheit. Ich bin immer froh, wenn ich so etwas entdecke, an dem sich die Phantasie entzünden kann.

Natürlich kam ich durch meinen Vater mehr als andere mit Kunstwerken in Verbindung, auch hatten wir zu Hause Bücher über Malerei und Baukunst, mein Vater war Kunsthändler, ich las ab und zu auch in solchen Büchern, aber meine Neigung zur bildenden Kunst und Kunstgeschichte kam nicht von daher.

ROSCHER Und wie kamst du auf Sinologie?

SEGHERS Ich war der irrigen Ansicht, ich könnte schnell lernen, Texte auf alten chinesischen Bildwerken zu entziffern. So naiv war ich. Nach und nach begann ich mich für chinesische Geschichte zu interessieren, auch für chinesische Kunst. Allmählich fand ich überhaupt Interesse an ostasiatischer Kunst.

ROSCHER Hat dies auch mit einer Anti-Winckelmann-Einstellung zu tun? Ich meine eine Äußerung von dir, die das andeutet, gelesen zu haben. Irre ich mich?

SEGHERS Nein. Die einseitige Orientierung auf Winckelmann hat unserer Kunstauffassung nicht genützt. Aber in einem Kreis, der extrem gegen diese Spätantike-Ansichten eingestellt war, kam ich erst, als ich nach dem Studium in Köln arbeitete. Es waren vor allem Leute vom Ostasiatischen Institut, deren Position mir seinerzeit sehr zusagte, wobei ich aber gleich einschränken muss, dass ich noch keine wirklich begründeten wissenschaftlichen Ansichten hatte. Als Studierende, ja noch als Studierte war ich mehr von kindlichem Wesen, ich war viel kindlicher, als ich hätte meinem Alter nach sein dürfen.

ROSCHER Ein Enfant terrible auch?

SEGHERS Schrecklich muss ich gewesen sein. Ich wollte überhaupt nur studieren, weil ich fürchterliche Angst hatte, in dem Nest Mainz hängenzubleiben.

ROSCHER Bist du zum Schreiben gekommen, um ein Gegengewicht zu deinem Studium zu haben, das mit Literatur wenig zu tun hatte? Oder hat es dich, was ich vermute, mehr am Schreiben gehindert?

SEGHERS Mein Studium interessierte mich sehr, so sehr, dass es mich ganz absorbierte. Aber meine Phantasie arbeitete und arbeitete, produzierte jedoch nichts. Als ich dann eines Tages zu schreiben anfing, brach's wie ein Sturzbach aus mir heraus: ich schrieb, studierte, schrieb, studierte – wie 'ne Verrückte, das ging bis zur Erschöpfung. Da merkte ich, dass beides nicht lange durchzuhalten war. Ich entschied mich fürs Schreiben.

ROSCHER Doch hast du alle Examen abgelegt, hast promoviert.

SEGHERS Ja, aber mal gerade soso.

ROSCHER Wurdest du bei der Entscheidung, literarisch zu schreiben, auch von Freunden beeinflusst? Gab es literarische Kreise, in denen du verkehrtest?

SEGHERS Alle meine Freunde waren an Literatur, an Kunst überhaupt, sehr interessiert, aber sie schrieben nicht im literarischen Sinne, wie ich es ab und zu tat. Literaturkreise wie anderswo – in München, Berlin – gab's nicht. Gedrängt hat mich keiner; eigentlich hat gar niemand gewusst, dass ich literarische Versuche mache. Ich habe meine ersten Sachen unter einem Pseudonym gedruckt, mein Name – Seghers – ist doch ein Pseudonym. Zuerst wußte niemand, wer sich dahinter verbirgt. Manchmal habe ich auch Manuskripte ganz beiläufig herumgehen lassen, um die Reaktionen zu sehen. Ich war mir meiner Sache keineswegs sicher. Damals war ich mit einem Sinologen befreundet, dessen Urteil für mich wichtig war. Er brachte mich auch mit jungen Menschen aus anderen Ländern in Verbindung, mit Studenten, die ihrer politischen Gesinnung wegen ihre Studien in ihren

Heimatländern nicht beenden konnten oder mit ihren Eltern emigriert waren.

ROSCHER Da hast du deinen späteren Mann kennengelernt?

SEGHERS Ungefähr zu dieser Zeit, aber ich wußte natürlich noch nicht, dass er mein Mann werden könnte. Wir hatten uns nur ab und zu mal gesehen, ohne sonderlich Notiz voneinander genommen zu haben. Der Freund, der Sinologe, kam aus Sankt Petersburg. Dort war sein Vater in einer beamteten Stellung gewesen, wenn ich nicht irre, sogar bei Hof; aber zu Beginn des ersten Weltkrieges hatte man die ganze Familie interniert. Und nach der Oktoberrevolution waren sie nach Deutschland gekommen, bettelarm. Der junge Mann hieß Philipp Schaeffer, er hatte nie Geld. Ich nahm ihn manchmal mit nach Hause zu meinen Eltern, damit er ordentlich futtern konnte. Er hungerte sich durchs Studium, nahm auch Gelegenheitsarbeiten an, war aber voller Energie. Besonders beeindruckt hat mich sein starkes Gerechtigkeitsempfinden. Wenn jemandem ein Unrecht zugefügt wurde, konnte er fürchterlich wütend werden. Das war vielleicht auch der Ursprung seiner revolutionären Haltung, er wollte, dass es auf der Welt gerechter zugeht. Zu Beginn der Nazizeit ging er in den Untergrund. Ich hatte damals schon keine enge Verbindung mehr zu ihm, unsere Wege hatten sich getrennt. Und erst nach dem Krieg erfuhr ich zufällig, dass sich Schaeffer der Schulze-Boysen-Gruppe angeschlossen hatte. Er wurde enttarnt, zum Tode verurteilt und hingerichtet. Als ich das erfuhr, war ich erschüttert und tief bedrückt.

ROSCHER Gibt es in deinen Büchern eine ihm verwandte Gestalt?

SEGHERS Nein, aber ich will über ihn schreiben.* Im Augenblick fällt mir nur das Schreiben mit der Hand noch zu schwer.

ROSCHER Du schreibst mit der Hand?

SEGHERS Immer.

ROSCHER Und ich meinte, du würdest jetzt vor allem diktieren. Ich muss dich da irgendwann mal missverstanden haben. Wie schreibst du überhaupt, ich meine, wie schreibst du deine Romane und Erzählungen?

SEGHERS Mit der Hand. Nur Briefe diktiere ich. Meine Manuskripte schreibe ich mit dem Bleistift, meistens, nit immer. Ich setz mich in die Sofaecke und schmiere ganz schnell paar Seiten voll, wie mir's in den Kopf kommt und wenn mir was in den Kopf kommt. Man darf da nichts aufschieben, sonst ist's weg, dann ist der Einfall verblasst, die Idee futsch. Ich lasse alles andere stehen und liegen und schreibe drauflos, ohne auf Orthographie und Grammatik sonderlich zu achten. Wer meine Niederschriften sehen würde, käme niemals auf die Idee, dass sie von einer Schriftstellerin stammen. Ich zeige diese Blätter auch niemandem. Danach schreibe ich alles in die Maschine, ohne Rücksicht darauf, die richtigen Tasten zu erwischen. Und was ich tippe, weicht von der Handschrift ab. Und auch das Maschinegeschriebene sieht fürchterlich aus, runtergerast. Rodi sagt, ich sei die einzige, die außer einer unleserlichen Handschrift auch eine unleserliche Maschinenschrift hat. Das stimmt. Das von mir auf die Tasten Gehämmerte sieht fürchterlich aus. Ich hämmere wie eine Wilde drauflos, weil ich gar nicht richtig

* Erinnerungen an Philipp Schaeffer von Anna Seghers druckte die »Neue Berliner Illustrierte«, Nr. 45/1975.

maschineschreiben kann. Das glaubt kein Mensch. Meine Sekretärin weiß aber, wie es zu lesen ist.

ROSCHER Gibt es einen Platz, an dem du am liebsten schreibst? Die Sofaecke nanntest du. Am Schreibtisch habe ich dich nie sitzen sehen.

SEGHERS Ich besitze, wie man sieht, auch keinen Schreibtisch der herkömmlichen Art. Ein normaler Tisch genügt mir, an dem ich gern sitze und auf dem genügend Platz ist. Ich kann überall kritzeln, auch da, wo viele Leute sind, die mich nichts angehen: im Café, im Restaurant, in der Bahn, auf dem Schiff, sogar in einer ungestörten Ecke auf Märkten. Nur im Flugzeug bring ich nichts zustande, da bin ich zu aufgeregt. Und beim Autofahren rüttelt's zu stark.

ROSCHER Es gibt ein Foto, da sieht man dich auf dem Balkon sitzen – hinter der Schreibmaschine. Offenbar ist das auch ein von dir bevorzugter Arbeitsplatz.

SEGHERS Der Balkon ist sehr klein, wie ein Futterhäuschen am Vogelbauer, es gehen gerade zwei Leute drauf, aber auch nur zwei Stühle. Ich sitze, wenn es möglich ist, gerne zum Schreiben dort, an ruhigen Sommertagen. Allerdings ist's oft sehr pfiffig, weil das ein Eckhaus ist. Es gibt Fotos, die mich auf dem Balkon zeigen, wie ich in die Maschine hämmere. Da fliegen mir die Haare nur so. Trotzdem arbeite ich gerne im Freien. Da kann drinnen passieren, was will, ich bin weg – und doch auch wieder nicht. Ich sitze über der Straße und über den Dingen, die mich nichts angehen müssen. Und die Straße mag ich auch gern, schon weil sie Volkswohlstraße heißt, das klingt wie ein gutes Programm, hat mit der Siedlung zu tun, zu der die Straße führt.

ROSCHER Wie oft korrigierst du deine Manuskripte?

SEGHERS Immer und immer wieder. Manchmal sieht die fünfte oder sechste Abschrift genauso verschmiert aus wie die erste. Zum Glück konnten meine Sekretärinnen wie jetzt Ruth Hildebrand alles gut lesen – auch das, was ich selber kaum lesen kann.

ROSCHER Hast du jemals mit unterschiedlichen Farben gearbeitet? Von Lion Feuchtwanger erzählt man, dass er verschiedenfarbiges Papier für die einzelnen Korrekturgänge verwendet habe.

SEGHERS Er hat es mir gezeigt. Mich würde das stören, es würde mich durcheinanderbringen. Einmal, früher, habe ich versucht, mit Farbstiften zu korrigieren, aber da wurde ich ganz und gar wuschig. Ich mag Farben, aber nicht bei der Arbeit an Manuskripten.

ROSCHER Apropos Farbe – jetzt mache ich einen gewaltigen Gedankensprung: Es ist auffällig, dass gerade die Farbe Blau in deinen Büchern oft auftaucht.

SEGHERS Jetzt horch mal genau hin: Denk bloß nicht, dass sich da was Besonderes vermuten lässt! Blau taucht nur zufällig häufiger auf. Ich mag diese Farbe ganz gern, aber Rot liebe ich auch, es hätte ebenso Rot sein können. Mit blauer Blume und ähnlichem hat das nichts zu tun. Irgend jemand schickte mir mal einen Aufsatz, in dem so eine abwegige Theorie aufgemacht wurde. Unsinn. Mit der Farbe Blau verbindet sich nicht mehr als eben gesagt.

Aber nun will ich dir was Kurioses erzählen: Nachdem Strittmatter »Das wirkliche Blau« gelesen hatte, sagte er mir, dass die Suche nach dem Blaufarbstoff, der ganze Handlungsstrang, aus der Erzählung herausgestrichen werden könnte, ohne dass die Geschichte litte. Das stimmt natürlich nicht, denn dieses Suchen hat eine bestimmte Aufgabe. Aber ich denke, dass diese Meinung durch die Überbewertung der Sache mit dem Blau zustande gekommen ist; die Erzählung wurde von einigen einseitig oder vordergründig und dadurch unzutreffend interpretiert.

Der Erzählung liegt ein Anstoß aus früherer Zeit zugrunde. Ich weiß überhaupt nit, ob es reale Zusammenhänge gibt zwischen dem blauen Gift der Farbwerke Hoechst, mit dem die Nazis Menschen vernichtet haben, und deren Blaufarbstoff, der für die mexikanischen Töpfer aus Deutschland geholt werden musste. In meiner Phantasie ergaben sich aber Verbindungen. In der Wirklichkeit ist's ja auch so, dass diese Riesenkonzerne immer ein ganz »rundes« Programm haben, an dem sie verdienen: Sie produzieren Mittel, um Leben zu retten, Medikamente, und sie stellen zugleich Mittel her, um Leben zu zerstören. Es ging mir überhaupt nicht darum, einen technischen oder wissenschaftlichen Sachverhalt zu garantieren, auch war mir nicht wichtig, einen wirklichen Vorfall zu zeigen, ich wollte vielmehr die Phantasie der Leser in Bewegung bringen; ich will doch nicht nur etwas aus der Wirklichkeit abbilden, ich möchte, dass die Menschen sich von den zum Teil problematischen Hintergründen der Wirklichkeit selbst ein Bild machen, dass ihnen etwas bewusst wird durch Literatur.

ROSCHER In einer Diskussion mit Literaturfunktionären*, an der du teilgenommen hast – sie liegt schon einige Zeit zurück –, wurde eine meines Erachtens richtige Ansicht von Johannes R. Becher aufgegriffen, jedoch zu eng und falsch gedeutet. Thomas Mann, als bürgerlichem Schriftsteller, habe mit seiner Familie alles für sein Schreiben Notwendige vorgefunden. Dem sozialistischen Schriftsteller müsse hingegen geholfen werden,

* Diskussion mit Dozenten der Parteihochschule »Karl Marx«, veröffentlicht in der NDL, Heft 4/1967.

seine Lebenssphäre zu weiten. Damit wird quasi bürgerliche Verengung gegen sozialistische Weitung gestellt. Das ist doch ein zu kurz gegriffener Ansatz, um Literatur, um Kunst überhaupt bewerten zu können. Du warst bei der Diskussion anwesend, hast aber nicht dagegengehalten, oder es wurde nicht aufgezeichnet und konnte nicht publiziert werden.

SEGHERS Vermutlich hatte ich überhaupt keine Lust zur Gegenrede, oder mir war das Problem entgangen. Da wurde sicherlich viel über »Fragen und Probleme« geredet, welche diskutiert werden müssten, um unsere Vergangenheit, Gegenwart und Zukunft zu erkennen. Dabei ist das Problem doch nur, dass ein begabter Schriftsteller Geschehnisse zu Geschichten zu formen in der Lage sein muss – auf der Basis seiner gesellschaftlichen und politischen Erkenntnis natürlich. Bürgerlich hin, proletarisch her, auch ein scheinbar noch so begrenzter, in der eigenen Familie angesiedelter Stoff wie »Herr und Hund« kann bedeutungsvoll sein und, wie in diesem Fall, zu einer wunderbaren Erzählung taugen, die ihre Leser nicht verfehlt. Die Frage ist nur, wie dieser Stoff durch das Bewusstsein des Schriftstellers geht und was er als Künstler daraus macht. Wenn man nur theoretisierend über diese Zusammenhänge nachdenkt, erscheinen sie einem kompliziert. Und einfach ist's ja auch nicht, dass man einen Doppelpunkt setzen könnte: Dem einen Schriftsteller, der aus dem Bürgertum kommt, darf seine enge Bürgerwelt reichen, dem aus der Arbeiterwelt darf das Leben in seinen vier Wänden nicht reichen. Im Gegenteil. Die Erfahrung seiner Arbeitswelt spiegelt sich doch auch in seinem Zuhause. So simpel darf man da nicht rangehen, so simpel ist das nicht. Aber auch nicht gar so kompliziert, wie Kritikaster meinen.

ROSCHER So simpel kam es aber bei der Diskussion heraus, wenn ich mich nicht irre.

SEGHERS Ich werde diese fragliche Passage nachlesen. Jedenfalls ist das Problem – ist es überhaupt eins? – so einfach und kompliziert zugleich wie das Leben selbst.

6. [?] *Mai 1973*

ROSCHER Wir möchten einige Schriftsteller mit Rundbriefen über ihre Meinung zur Kritik befragen. Auf Gedanken von dir möchten wir nicht verzichten.

SEGHERS Ich werde garantiert nichts Wichtiges beitragen können. Für mich sind Zeitungskritiken nichts Notwendiges, für die Zeitungsleser sind sie Anregungen. Erwarte also keine ernsthafte Antwort von mir.

ROSCHER Du hast doch Buchbesprechungen geschrieben, auch für Zeitungen.

SEGHERS Die sind nit gar so belangvoll, manchmal war es Brotarbeit. Oder ich wollte widersprechen, etwas ergänzen oder einen nicht wahrgenommenen Aspekt ins Gespräch bringen.

ROSCHER Früher gab's die gute Tradition, dass Schriftsteller sich über neue Bücher ihrer Kollegen äußern. Weiskopf zum Beispiel hat's oft getan. Das ist zu sehr aus der Mode gekommen, leider. Das »kritische Geschäft« sollte jedoch nicht allein Theoretikern überlassen bleiben, sie schreiben meistens zu umständlich, zu trocken, zu lang und zu theoretisierend, indem sie Scheinprobleme aus der Luft greifen wie Spätsommerspinnfäden.

SEGHERS Kritiken zu schreiben ist nicht jedermanns Sache. Schon gar nicht, wenn man im Glashaus sitzt. Ich habe deswegen meistens über tote Schriftsteller

Ludwig Renn

1138 Berlin-Kaulsdorf
Am Kornfeld 78

Um 1900 sprach man viel vom „Ende des Jahrhunderts" und meinte damit, daß da einiges dekadent, zum Fallen reif wäre. Aber was? Und gab es keinen Ausweg? Diese Fragen bewegten uns heute Altgewordene in unserer Jugend.

Anna Seghers, die nun 75jährige, erkannte in den zwanziger Jahren einen – nein, den – Ausweg: im Kampf an der Seite der Arbeiterklasse und mit den Ideen des Marxismus-Leninismus. Dadurch bekam sie Stoffe für ihre in der ganzen Welt verbreiteten Bücher. Nie ist sie davon abgewichen. Hier liegt unsre Bewunderung

Ludwig Renn

Den Geburtstagsgruß schrieb Ludwig Renn auf Bitten der Redaktion für Heft 11/1975. Mit Ludwig Renn (eigentlich Arnold Vieth von Golßenau), dem Autor biographisch-dokumentarischer Erzählwerke (»Krieg«, »Nachkrieg«, »Adel im Untergang« u. a.), war Anna Seghers seit Ende der zwanziger Jahre durch ihre Zusammenarbeit im Bund proletarisch-revolutionärer Schriftsteller in Freundschaft verbunden. Im mexikanischen Exil präsidierte Anna Seghers den »Heinrich-Heine-Klub« und Ludwig Renn die antifaschistische Sammelbewegung »Freies Deutschland«.

Anna Seghers und Christa Wolf auf dem VII. Schriftstellerkongress 1973 in Berlin.

geschrieben – aber das sind auch dann eben weniger Kritiken, mehr Betrachtungen, Essays.

ROSCHER Sind Rezensionen – im Gegensatz zu Kritiken – vorwiegend dazu bestimmt, zum Kauf eines Buches anzuregen, richten sie sich mehr an potentielle Käufer und weniger an Autoren? Bei einer Literaturzeitschrift sollte im kritischen Reflex aber sicherlich die Arbeit des Schriftstellers im Mittelpunkt stehen, Fragen des Themas, des Schreibens, der Gesellschaftsanalyse und nicht zuletzt des Handwerklichen.

SEGHERS Ja. Und manchmal freut man sich als Autor sogar über ein positives Echo der Kritik. Es muss kein Lob sein, auch eine wirklich kritische Kritik ist nicht zu verachten, wenn sie argumentiert. Sie macht neugierig.

ROSCHER Und wie verhält es sich mit Kritik von Lektoren und Redakteuren?

SEGHERS Wenn sie Substanz hat, ist Kritik immer willkommen. Ich habe zum Beispiel eine gute Lektorin im Aufbau-Verlag, Frau Emmerich, ihren Hinweisen schließe ich mich meistens gern auf, auch wenn ich mich manchmal ein bisschen bockig stelle.

ROSCHER Aber nun möchte ich doch gerne eine Frage stellen, die mit dem soeben Gesagten zu tun hat: Hat der Roman eine Zukunft? Ich habe dein Manuskript* gelesen und gestehe, dass mir das Problem, das den Titel bildet, ein wenig im Abseits zu stehen scheint.

SEGHERS Es ist aber ein Thema – schon seit längerer Zeit.

ROSCHER Ja, gewiss, aber läuft der Roman herkömmlicher Art wirklich Gefahr, überflüssig zu werden, büßt er

* Bezug auf das Manuskript eines Artikels, der unter dem Titel »Wird der Roman überflüssig?« am 23. Mai 1973 im »Neuen Deutschland« erschien.

an Bedeutung ein, weil das Lesen im Fernsehzeitalter vielleicht mehr und mehr aus der Mode kommt? Jetzt haben manche noch keinen Fernseher, aber das wird sich ändern.

SEGHERS Werden sich die Menschen ihre Kulturansprüche vom Fernsehapparat diktieren lassen?

ROSCHER Ich halte es für möglich.

SEGHERS Als Horror vielleicht. Auszuschließen ist es wohl nicht.

ROSCHER Es ist ein schleichender Prozess, die Menschen werden den Verlust zunächst nicht als solchen wahrnehmen.

SEGHERS Du meinst also, der Roman wird entbehrlich?

ROSCHER Es gab mal eine Erwiderung von Arnold Zweig auf einen Artikel von Harold Nicolson, der im »Observer« erschienen war. 1955 war das schon. »Der Roman lebt« schrieb Zweig in der NDL als Antwort auf diesen Artikel. Viele Jahre später habe ich Zweig mal gefragt, ob er Nicolson noch immer so vehement widersprechen würde. Da war er sehr zögernd und meinte scherzend: »Na ja, leben wird der Roman schon, aber sicherlich immer weniger gut, so wie auch die, die Romane schreiben.« So ungefähr.

SEGHERS Da kann er recht haben.

1975
(Notiz ohne Datum)

SEGHERS Ich las in der Zeitung, dass man beim Schachten an der Stelle, wo das Berliner Schloss stand, Reste eines Wehrturms gefunden hat. Weißt du, worum es sich handelt und was man damit machen wird?

ROSCHER Es handelt sich um die Basis des um 1706 eingestürzten Münzturms von Andreas Schlüter. Man wird die Mauern vermessen, fotografieren und kartographieren, denke ich. Vielleicht bezieht man sie auch als Sehenswürdigkeit in den Neubau ein, das wäre doch was Besonderes: Im Kellergeschoß des Palastes der Republik kann man das Fundament des Schlüterturmes besichtigen und dazu architektonische Dokumente und historische Darstellungen ansehen, die es sicherlich gibt. Das wäre sinnvoll. Allerdings vermute ich, dass man für solche Zeichen aus der Vergangenheit wenig Sinn entwickelt. Man wird alles verfüllen, planieren, sich in die Hände spucken und fleißig Neues darauf bauen.

SEGHERS Wir verfahren mit Zeugen unserer Vergangenheit oft fahrlässig. Vermutlich auch diesmal.

1. Juli 1976

ROSCHER Ich möchte gerne etwas über deine frühen Leseeindrücke erfahren. Mit welchen Büchern kamst du als Kind in Berührung?

SEGHERS Mit dem »Faust«, sehr zeitig. Aber war's das alte Puppenspiel oder der »Urfaust«? Ich weiß nicht. Den »Prolog im Himmel« deklamierte meine Mutter manchmal aus irgendwelchen Gründen – mit einem merkwürdig singenden Ton. Vermutlich beruhte er auf einer Theateraufführung, die sie gesehen hatte.

ROSCHER Kanntest du »Münchhausens Abenteuer«, den »Robinson Crusoe«, die »Sagen des Altertums«, Märchen?

SEGHERS Aber ja! Märchen und auch Sagen. Ich hatte von meinem Vater die Ausgabe der Bechstein-Märchen mit den Illustrationen von Ludwig Richter. Man konnte bei diesen Bildern richtig in der Landschaft herumspazieren. Es war eine seltsame Vermischung von Phantastischem und Wirklichem, die mich beeindruckte; die Betulichkeit Richters hat mich aber auch belustigt. Bevor ich zur Schule kam, konnte ich schon gut lesen. Die Bücher der Johanna Spyri waren damals Mode. Seltsam, ich mochte sie gern: »Heidi ...« Von der Robinson-Geschichte war ich fasziniert, ich nahm mir vor, etwas Ähnliches zu schreiben. Übrigens machte es mir Spaß, die Handlung nur anhand der Bilduntertexte zu erschließen, ich spann das Geschehen in meiner Phantasie fort. Als ich einmal längere Zeit krank war – ich war oft krank und musste im Bett liegen –, schenkte mir eine Freundin Lackbilder.

ROSCHER Von *Abziehbildern* hast du mal gesprochen, das ist etwas anderes. Abziehbilder wurden in warmes Wasser gelegt, um eine aufgebrachte Papierschicht abzulösen, die den Kleber der dünnen Bildfolie schützte. Ich vermute aber, dass du Stammbuchbilder meinst, die mit einer Lackschicht überzogen waren. Die konnte man fertig kaufen.

SEGHERS Es waren Lackbilder, man nennt sie wohl auch Steckbilder. Aber es interessierten mich nicht Blumen und Tiere, sondern Szenen aus Märchen und Sagen; ich ordnete die Bilder nach meinen Vorstellungen, klebte sie in ein Heft und verband sie mit Texten.

Eines Tages verliebte ich mich in den Sohn einer fernen Verwandten, die ab und zu kam. Und während die Frauen, seine und meine Mutter, am Kaffeetisch schwatzten, las mir der Junge, der gerade aufs Gymnasium gekommen war, Gedichte von Goethe und Heine vor: »Willkommen und Abschied« und »Der wunde Ritter«, daran erinnere ich mich. Heine-Gedichte liebte er besonders, weiß jedoch nicht, warum. Aus seinem Mund meine ich auch den Namen Büchner zum ersten Mal gehört zu haben, Büchner war damals überhaupt nicht bekannt.

ROSCHER Und Balzac, wann kamst du an dessen Romane? Er spielte später in der Auseinandersetzung mit Lukács eine Rolle.

SEGHERS Balzac habe ich viel gelesen, allerdings auch erst später. Seine Gestalten haben mich in Atem gehalten. Mein Vater besaß Balzac-Bände in Leder und mit Goldschnitt; vielleicht habe ich deswegen nach ihnen gegriffen, nach schönen Büchern griff ich gerne.

ROSCHER Hast du oft in der Bibliothek deines Vaters gestöbert?

SEGHERS Aber nein! Ich durfte es gar nicht! Er befürchtete, wohl nicht ganz zu Unrecht, dass ich etwas durcheinanderbringe. – Übrigens gab es bei uns zu Hause keine Bibliothek, keine langen Regale. Es standen Bücherschränke in der Wohnung.

ROSCHER Wie alt wirst du gewesen sein, als du Balzac in die Hand bekamst?

SEGHERS Zehn vielleicht, elf ...

ROSCHER Und Zola?

SEGHERS Später, da war ich kein Kind mehr.

ROSCHER Tolstoi?

SEGHERS Wiederum später. Zunächst war es Dostojewski. In Mainz lebte damals ein Ehepaar, zu dem ich eine Beziehung gefunden hatte. Ich weiß nicht, ob es Russen gewesen sind, aber ich weiß, dass die Leute als politisch Verfolgte Zuflucht in Deutschland gefunden hatten. Der Mann war an einer Verschwörung gegen Zar Nikolaus beteiligt gewesen oder hatte jemandem geholfen, der beteiligt gewesen war. Diese Leute, die mein Vater kannte, fanden Gefallen an mir und gaben mir Bücher – unter anderem den »Spieler« von Dostojewski, auch den »Idioten«.

Den »Idioten« habe ich zunächst nicht gelesen. Richtig erschlossen habe ich mir Dostojewski vor allem durch »Schuld und Sühne« und durch »Die Brüder Karamasow«.

ROSCHER Welche Schreibversuche lagen zwischen den Lackbildtexten und deiner ersten gedruckten Erzählung »Grubetsch«?

SEGHERS Das waren auch Geschichten, eine von ihnen wurde schon gedruckt.

ROSCHER Wo?

SEGHERS In einer Zeitung. Ich schrieb sie, als ich mit meiner Dissertation anfing.

ROSCHER Wovon handeln diese Geschichten?

SEGHERS Von einer hab ich ja schon mal erzählt*, sie ist nicht wieder gedruckt. In ihr gab es eine Hauptfigur, die hieß Seghers, Jan Seghers. Diese Erzählung hatte ich als eine Geschichte aus meiner Familie angelegt; ich schrieb darum auch in der ersten Person. Weil ich der Figur einen Namen geben musste, der holländisch klingen sollte, kam mir der Name Seghers in den Sinn, er gefiel mir. Und da lag es nahe, dass ich mich als erzählende Nachfahrin dieses Mannes ebenfalls Seghers nannte, Antje ... So wurde ich als Mädchen manchmal scherzend genannt.

ROSCHER Aber auf den Namen Seghers, das ist zu vermuten, wirst du bei deinen kunstwissenschaftlichen Studien gestoßen sein.

SEGHERS Nicht bei meinen Studien an sich. Vielleicht, dass Hercules Seghers mal von Wilhelm Fraenger oder

* »Die Toten auf der Insel Djal. Eine Sage aus dem Holländischen, nacherzählt von Antje Seghers«, Abdruck in der »Frankfurter Zeitung und Handelsblatt«, Weihnachtsnummer 1924, Neudruck: »Die Toten auf der Insel Djal« – »Sagen von Unirdischen«, Aufbau-Verlag, Berlin und Weimar 1985.

auch – das ist wahrscheinlicher – von Carl Neumann* erwähnt worden war. Er war ja schon etwas ins Vergessen gerutscht, zu Unrecht, denn er ist interessant und einmalig. Schließlich hat er Rembrandt angeregt. Aber ich wußte damals bestimmt nicht viel über diesen Radierer. Er war auch Maler, es gibt einige Öllandschaften von ihm. Ich werde damals aber sicherlich nur Radierungen, das eine oder andere Blatt, gekannt haben, und da werde ich – ein Einfall des Moments – auf die Idee gekommen sein, ihn wieder in Erinnerung zu rufen.

Allerdings fand ich diese Weise auch geeignet, mich bei meinen Freunden bemerkbar zu machen – aber nit gar so direkt. Doch dieser Name ist so ungewöhnlich, es musste auffallen, wenn er plötzlich über einer Erzählung in der Zeitung erscheint. Andererseits konnte ich mich auch hinter ihm verbergen.

ROSCHER Gab es wichtige Kritiken zu diesen ersten Veröffentlichungen? Und haben sie dir genützt?

SEGHERS Glaub nit, dass es welche gab.

ROSCHER Haben dich als junge Schriftstellerin Kritiken überhaupt beeindruckt oder beeinflusst? Wir haben diese Frage wohl schon einmal berührt.

SEGHERS Keine gedruckten. Aber Äußerungen von Freunden oder Bekannten haben mich nachdenklich gemacht. Vor allem habe ich auf alles, was Hans Henny Jahnn sagte, gerne gehört.

ROSCHER Wenn ein Buch erscheint, ist seit dem Abschluss des Manuskripts meistens schon relativ viel Zeit vergangen. Welchen Eindruck können da Kritiken überhaupt noch auf den Schriftsteller machen? Können sie

* Professor für Kunstgeschichte an der Universität Heidelberg, wissenschaftlicher Mentor (Doktorvater).

ihn vielleicht im Hinblick auf zukünftige Arbeiten beeinflussen?

SEGHERS Das hängt von der Kritik ab. Wenn sie wirklich grundsätzliche Punkte erkennt und benennt, dann kann sie auf den Schriftsteller einwirken. Man darf aber Kritik in dieser Hinsicht nicht überfordern und überschätzen. Kritik – vor allem in Zeitungen – ist mehr für Leser da, der Kritiker soll Lesern ein Buch aufschließen. Und wenn er wirklich etwas zu sagen hat, wird es auch den Schriftsteller erreichen, vielleicht auch für ihn von Nutzen sein. Viel wichtiger ist, dass Schreibende selbst ein gutes, kritisches Arbeitsverhältnis zueinander haben; das setzt aber voraus, dass sie ihre Bücher untereinander auch austauschen und lesen.

ROSCHER Und gerade das scheint aus der Mode gekommen zu sein, weswegen wir immer und immer wieder versuchen, Schriftsteller zu animieren, über Bücher ihrer Kollegen zu schreiben.

SEGHERS Ja, das ist nicht gar so üblich. Ich bin dankbar für durchdachte kritische Hinweise. Manchmal allerdings, in bestimmten Arbeitsphasen, stört mich Kritik aber auch, irritiert mich. Besonders dankbar bin ich für Anmerkungen von Lektoren, auf die ich mich verlassen kann. Sie sind einfühlsam, das ist wichtig.

4. Juli 1976

ROSCHER Wir haben manchmal schon mehr beiläufig über bildende Kunst gesprochen. Im Hinblick auf das beabsichtigte Heft über bildende Kunst und Literatur bleibt mir nichts anderes, als einige Fragen erneut zu stellen. Dies vielleicht etwas später. Zunächst mache ich das

Tonbandgerät an und frage dich ganz allgemein nach deinem Verhältnis zur Malerei, zur Baukunst und so weiter. Wir sollten verfahren wie immer, uns quasi nur unterhalten. Streichen und verdichten kann man dann, auch ergänzen.

SEGHERS Ja, aber zur Baukunst kann ich nit viel sagen.

ROSCHER Lass mich erst mal versuchen ein paar Gedanken zu diesem Thema zusammenzufassen, sie beruhen auf Passagen aus einigen deiner Bücher.

SEGHERS Mach's aber nit übermäßig lang.

ROSCHER Ich habe einen Fragezettel, ich kann ihn dir auch hinreichen.

SEGHERS Nein, nein, rede mal du.

ROSCHER Ich vermute, dass deine Neigung zur bildenden Kunst sehr früh, wahrscheinlich durch deinen Vater wachgerufen wurde, er war ja Kunsthändler.

SEGHERS Stimmt.

ROSCHER Möglicherweise, das wäre dann auch eine Frage, gab es zu dieser frühen Zeit so etwas wie einen Originaleindruck – im Goetheschen Sinne –, der dich bestimmt oder wenigstens mitbestimmt hat? Du hast neben Geschichte und Sinologie vor allem Kunstgeschichte studiert, als Praktikantin am Institut für ostasiatische Kunst in Köln gearbeitet, hast über ein Thema zu Rembrandt und dessen Umfeld promoviert. Aber jetzt meine Frage: In der Skizze »Zwei Denkmäler« sprichst du von den romanischen und gotischen Elementen des Mainzer Doms. Und obgleich du in deinem Dostojewski-Essay beiläufig von der bürgerlich-blässlichen Umwelt deiner Kindheit berichtest, vermute ich, dass du eben dort, im Umkreis deines Elternhauses, jenen Originaleindruck bekamst, das »erste, unverfälschte und darum unüberbietbare Gefühl, das ein Kind von einer Sache oder einer

Idee empfängt, die sich ihm zum ersten mal darbietet«, so zu lesen in der Studie »Der Lehrer«. Originaleindrücke solcher Art scheinen bei dir und in deinem Werk unterschiedlich stark, aber deutlich erkennbar auf diese oder jene Weise immer vorhanden zu sein, die dann transponiert werden. In deinem Aufsatz »Glauben an Irdisches« sprichst du zum Beispiel einmal von einem »schonungslosen, gemeinen Licht«, das durch die Fenstergerippe der Sainte-Chapelle in Paris fiel, da man vor der deutschen Okkupation die berühmten Glasmalereien entfernt hatte. Zugleich wird dieser Eindruck in eine erweiterte Beziehung gebracht: »Was einen früher umgeben hatte, das ›innere Reich‹, war plötzlich vergangen: der Zauber aus blauem und rotem Glas, das Märchen der westeuropäischen Christenheit.«

SEGHERS Nun horchemol genau hin, ich will's dir sagen: Schon als junges Ding, als Kind gar, hat das, was man »bildende Kunst« nennt, stark auf mich gewirkt. Allerdings nicht so sehr durch mein Elternhaus, als durch die ganze Umgebung, in der ich lebte. Und es ist wahr, dass der Dom auf mich großen Eindruck gemacht hat. – Nebenher bemerkt: Die Skizze »Zwei Denkmäler« war der Anfang einer Erzählung, die ich in der Emigration begann und verloren habe. Mainz ist eine alte und schöne Stadt. Uns Kindern wurde gesagt, dass sich der Limes über die blaue Hügelkette hinter dem Rhein hingezogen hätte, die Grenze zwischen dem Römischen Reich und der Wildnis. Ganz in der Nähe, in Ingelheim, fand man Reste einer Pfalz Karls des Großen. Dahin gingen wir Kinder manchmal. Man vermutete, dass Karl dort geboren worden sei, 742 oder so, glaube ich. Das wirst du prüfen. Da war's noch ein Landgut seines Vaters Pippin. Das hat mich erregt. Ich begann mir darüber Gedanken zu machen.

ROSCHER Gab es auch in deiner alltäglichen Nähe solche Momente, die dich erregten?

SEGHERS Von einem grotesken will ich dir erzählen. Einer meiner Lehrer – er hieß Klingelschmitt – wohnte in der Goldenen Luftgasse im Hause seines Vaters, eines Malermeisters. Eines Tages nahm er uns Schülerinnen mit nach Hause, um uns etwas zu zeigen. Und was sahen wir? Er hatte den Keller zu einer romanischen Krypta umgebaut.

ROSCHER Offensichtlich war er von romanischen Eindrücken stark beeindruckt gewesen.

SEGHERS Offensichtlich, mehr noch haben sie ihn seltsam aktiviert. – Wenn man uns in der großen Krypta des Doms die Zeichnungen der Lehrlinge aus gotischer Zeit an den Wänden zeigte oder uns erzählte, wie man früher die Türme des Doms gebaut hat – mit hölzernen Wendeltreppen, auf denen Maulesel das Baumaterial hinaufschafften –, das alles hatte Anteil an meinem Verhältnis zur bildenden Kunst. In diesem Zusammenhang muss ich sagen, dass ich fast mehr mit bildender Kunst gelebt habe als mit Literatur. Deshalb spielt sie in meinen Büchern eine große Rolle. Man darf aber hier nichts trennen. Alles gehört zusammen, und auch die Künste gehören zusammen. Mich erfasst immer so ein leichter Schrecken, wenn man erlebt, wie manche Leute absolut nichts mit Malerei anfangen können.

Du vermutest wahrscheinlich, dass mein Vater mit seinem Beruf meine Neigung zur bildenden Kunst wachgerufen hat. Mit meinem Vater habe ich mich gut verstanden; er war sehr gut zu mir und verständnisvoll. Aber die sogenannten frühen Kunsteindrücke habe ich nicht durch ihn bekommen, sondern eben durch die Umgebung, in der ich aufwuchs.

ROSCHER Wie ergab sich die besondere Hinneigung zu Rembrandt?

SEGHERS Schon als Schülerin hatte ich in Holland manche seiner Bilder gesehen. Später kam ich auf die Idee, meine Doktorarbeit über ein Thema zu schreiben, das mit ihm zusammenhängt. Carl Neumann, mein Professor, hatte ein Buch über »Rembrandt« geschrieben. Er vertrat darin eine eigentümliche These, die mir zu schaffen machte. Er war kritisch eingestellt gegen die künstlerische Weiterentwicklung in der Renaissance. Er war zum Beispiel ein Verehrer Dürers, besonders des Dürers, der Kupferstiche von Tieren, Pflanzen und so weiter zur Bibel gemacht hat, während er Dürers Porträts im Stil der italienischen Renaissance wenig einnehmend fand. Bei Carl Neumann schrieb ich eine Seminararbeit über die Entstehung des Porträts, denn die Porträtkunst hat eine lange und interessante Geschichte.

ROSCHER Und deine Dissertation, wie lautet ihr Titel, kann man sie lesen?

SEGHERS »Jude und Judentum im Werke Rembrandts«. Sie wird als Manuskript sicherlich irgendwo abgelegt sein. Vermutlich würde ich sie heute selbst kritisch lesen. Sicherlich war es eine scholastische, in mancher Hinsicht naive Arbeit. Ich war ja noch sehr jung.

ROSCHER Was war dein theoretischer Ansatz?

SEGHERS Die Arbeit verfolgte eine sonderliche Frage. Mich interessierte folgendes: Bekanntlich wurden die spanischen Juden aus ihrem Land verjagt. Sie kamen auf Umwegen in das kalvinistische Holland und fanden dort Asyl, wie auch die osteuropäischen Juden, die ungefähr zu gleicher Zeit aus Polen vertrieben wurden. Auf Rembrandts Bildern, vor allem auf Zeichnungen, sieht man deutlich den Unterschied zwischen den sogenannten sephardischen Juden, die zum Teil mit dem spanischen Adel verschwägert waren, und den Juden aus Polen, armen Gehetzten, die Rembrandt in ihrer Eigenart darstellt. Darin sah ich damals nicht nur die historisch-soziale Frage – bei den einen vornehmer Wohlstand, bei den anderen bittere Armut –, das blieb auch nicht ohne Wirkung auf Rembrandts Darstellung. In seine biblischen Gestalten, auch in seine Christus-Darstellungen, sind diese Elemente eingeflossen. Freilich hat er alle Figuren in seltsame, erfundene Trachten gekleidet, wie es ihm eben als Künstler gefiel. Wie ich heute zu diesen in der Doktorarbeit dargestellten Problemen stehe, weiß ich nicht. Ich müsste alles noch mal prüfen, die Kopien der Zeichnungen und meinen Text, doch habe ich dazu keine Zeit. Ich fürchte natürlich auch, dass mich die Lust überkommen würde, daran zu arbeiten. Das hätte aber keinen Sinn.*

ROSCHER Wie ging dein Interesse an der europäischen Kunst des 17. Jahrhunderts mit deiner Neigung zur ostasiatischen Kunst, und damit zu einem ganz anderen Kulturkreis, zusammen?

SEGHERS Die ostasiatische Kunst hat schon früh Eindruck auf mich ausgeübt. Aber während meiner Arbeit am Ostasiatischen Institut kam ich dann in einen Kreis junger Leute, mit denen ich mich eng befreundete. In einem Punkt waren wir alle derselben Auffassung: Wir waren nämlich gegen die Theorie, dass die Kunst überall ihren Ursprung in der antiken Kunst hätte. Ein junger Wissenschaftler, bei dem ich arbeitete, er hieß Karl With, versuchte durch Forschungsreisen und durch theoretische

* 1981 erschien mit einem Vorwort von Christa Wolf im Verlag Philipp Reclam jun. Leipzig: Netty Reiling (Anna Seghers), »Jude und Judentum im Werke Rembrandts«.

Arbeit nachzuweisen, dass die ostasiatische Kunst sich unabhängig herausgebildet hat. Meiner Freundschaft mit diesem Kreis verdanke ich, dass ich noch heute viel und gern über verschiedene Kunstepochen lese und die Kunst besonders liebe, die man fälschlich *primitiv* nennt.

ROSCHER Wäre damit beschrieben, was du nach Goethes Formulierung unter einem Originaleindruck verstehst, eine frühe Prägung?

SEGHERS Ein Originaleindruck kann früh oder spät entstehen, und frühe, gute Originaleindrücke können besonders wichtig werden, darüber sprachen wir schon einmal, oder es können später neue folgen. So war für mich die Begegnung mit der mexikanischen Wandmalerei im öffentlichen Raum wichtig, diese Eindrücke haben mich nie mehr losgelassen. Diego Rivera hat bekanntlich das Cortez-Haus in Cuernavaca mit Bildern aus der Geschichte seines Landes ausgemalt. Ich erlebte, wie ein Bauer mit seiner Familie kam, das Maultier an einen Baum band und mit seinen Leuten die Fresken betrachtete. Darin fand er sich selbst, fanden sie alle sich wieder, sahen sie ihr Leben und ihre Geschichte.

ROSCHER In deinen Aufsätzen »Die gemalte Zeit« und »Diego Riveras Fresken« spielt die Verbindung dieser Künstler mit ihren Adressaten eine große Rolle. Da heißt es: »Die mexikanischen Freskenmaler haben der Kunst ihres eigenen Volkes und der Weltkunst einen Beitrag geleistet, wie er nur möglich ist, wenn die Ideen, die die Welt und ein Volk in der Welt bewegen, die Kunst erfaßt.«

SEGHERS Schau José Clemente Orozco daraufhin an. Er hat den Treppenaufgang des Rathauses in Guadalajara mit kühnen, wilden Farben bemalt. Es gibt in dem Fresko eine große rote Fahne, die man von der Straße aus sieht. Das war zur Zeit des Präsidenten Cardenas, der eine Agrarreform durchführte und die ausländischen Ölgesellschaften enteignete. Die gesamte mexikanische Malerei jener Zeit war geprägt von einer natürlichen Verbindung zwischen Künstlern und Menschen, für die diese Kunst geschaffen wurde. Deshalb war ich, als ich aus der Emigration zurückkehrte, erstaunt über Vorstellungen, die es bei uns über die Wirkung von Kunst gab, auch über den »sozialistischen Realismus« in der bildenden Kunst. Viele Arbeiten, die mir schlecht und wirkungslos vorkamen, lobte man offiziell; andere, die ich für gut und wirksam hielt, wurden offiziell verbannt. Solche Verfahren kamen mir unsozialistisch vor, weil sie der Entfaltung einer starken, vielseitigen Kunst entgegenwirkten und die Verbindung störten zwischen denen, die Kunst schaffen, und denen, für die Kunst geschaffen wird. Irgendwann, 1950 oder 51 – das genaue Datum spielt für unseren Zweck keine Rolle – , fragte mich ein Verlagsmann, ob ich dafür wäre, jetzt, also zur damaligen Zeit, ein Buch über Diego Rivera und seine Malerei herauszubringen. Diego Rivera war damals hier kaum bekannt, nur bei Fachleuten; Ludwig Renn kannte ihn persönlich, Bodo Uhse auch ... Ich habe empfohlen, gleich etwas über die gesamte mexikanische Malerei zu bringen, auch Orozco und Guerrero* und andere einzu-

* Bezug auf die Maler des Muralismus, der Zeit nach der mexikanischen Revolution von 1910, die mit Fresken im öffentlichen Raum, zumeist monumentalen Darstellungen sozialkritischen und revolutionär-patriotischen Inhalts die Erfahrungs- und Empfindungswelt der Betrachter getroffen und sich als Künstler in die Annalen der Weltkunst eingeschrieben haben: José Clemente Orozco, Diego Rivera, Xavier Guerrero und Alfaro Siqueiros.

beziehen. Aber man hat meinen Vorschlag zerredet – oder das Buch kam erst später heraus, weiß nit.

ROSCHER Du sagtest, dass Arbeiten verbannt wurden. Meinst du Bilderstürmereien, auch Übertünchungen wie Strempels Fresko »Aufbau«* im S-Bahnhof Friedrichstraße?

SEGHERS Ich meine es ganz allgemein und wie schon gesagt: Unrichtig kamen mir Ansichten vor, die einer starken, vielseitigen Kunst entgegenwirkten und gedankliche Auseinandersetzungen zwischen Kunstschaffenden und Kunstaufnehmenden blockierten.

ROSCHER Die Farbe Blau: Lass uns im Zusammenhang mit dem Thema bildende Kunst noch einmal über sie sprechen. In der Erzählung »Crisanta« taucht sie als Chiffre auf, die mehr meint, als nur die Bezeichnung einer Farbe. Symbolisiert sie die poetische und zugleich revolutionäre Kraft des Volkes, wie man in manchen

* Bezug auf das 1948 gemalte Wandbild »Aufbau« des sozialkritisch-spätexpressionistischen Malers Horst Strempel (1904–1975) in der Schalterhalle des Bahnhofs Berlin-Friedrichstraße, das als Beispiel für »Zersetzung und Zerstörung der Kunst« herhalten musste (Entschließung des ZK der SED, März 1951) und übertüncht wurde. Nach heftigen Angriffen im Zuge der sogenannten Formalismus-Debatte verlor der Schüler von Otto Müller und Carl Hofer seine Lehrtätigkeit an der Kunsthochschule Berlin-Weißensee und wurde zum Vorwurf der »Sabotage des Lehrprogramms« von Mitarbeitern der Staatlichen Kunstkommission verhört. Daraufhin ging er mit seiner Familie nach Westberlin, wo er jedoch von der Politbürokratie, ausschlaggebend das Bezirksamt Charlottenburg und das Verwaltungsgericht Berlin, als »linientreuer Vertreter des sowjetischen Systems« gebrandmarkt wurde, was in der Frage gipfelte, »ob der Zuzug einer solchen Person tatsächlich im Interesse der kulturellen Entwicklung Westberlins notwendig« sei. Dies wurde verneint, was für den Maler und seine Familie zu Einschränkungen der Arbeits- und Lebensbedingungen führte.

Darstellungen lesen kann? Mutmaßungen in diese Richtung gibt es auch zu deiner Erzählung »Das wirkliche Blau«. Ist das zu kurz gegriffen? Wir haben das schon einmal im Gespräch angetippt.

SEGHERS Was die Farbe Blau angeht, so spielt sie bei mir keine so wichtige Rolle, wie du vielleicht annimmst, sie spielt auch eine andere Rolle, als man sonst oft vermutet. Mit Romantik oder ähnlichem hat sie bei mir nichts zu tun. Die beharrliche unaufhaltsame Suche des Töpfers Benito nach dem »wirklichen Blau«, nach dem Grundstoff seiner Kunst und seines Wesens, viele Menschen können sich in diese Suche hineindenken, hat in meiner Erzählung nur einen zufälligen, zeitgebundenen Anlass. Ja, darüber haben wir schon einmal gesprochen. Kurz gefasst: Während des Krieges herrschte auf einmal Mangel an einem gewissen blauen Farbstoff, der in Deutschland hergestellt wurde. In jener Zeit gab es aber keine Handelsbeziehungen zwischen Deutschland und Mexiko. Daher bekam der Töpfer Benito den Farbstoff nicht mehr, den er immer benutzt hatte und den er dringend brauchte. Sein Suchen nach diesem Blau führe ich vor. Viel mehr ist darüber wirklich nicht zu sagen.

ROSCHER Eine Mischung aus Phantastischem und Wirklichem?

SEGHERS Wirklichkeit und Phantasie – in diesem Fall Benitos Suche nach dem Blau –, beide Elemente gehören immer zur Kunst.

[Ende] *Juli 1976*

SEGHERS Was ich dich fragen wollte: Hätte man eure Umfrage* angesichts der schrecklichen Dresche, die »Sinn und Form« hinnehmen musste, denn nicht eine Weile zurückstellen können? Dazu hätte ich geraten, es hätte die Zerstörung eurer Absicht verhindert.

ROSCHER Dazu hatten auch Kollegen der Redaktion geraten. Aber der Chef hatte unseren Bedenken nicht folgen wollen, hat stattdessen Beistand bei Ratgebern außerhalb der Redaktion gesucht.

SEGHERS Mit dem Kopf gegen die Wand zu rennen, ist töricht, wenn zu befürchten ist, dass man sich dabei nur den eigenen Kopf einrennt. Man hätte die Beiträge in dieser Zeit der Hysterie zurückstellen können. Ich dachte, der Mann** hätte gewachsene Erfahrung.

ROSCHER Wie auch immer, das Druckverbot war bestürzend, dergleichen hatte es in solcher Rigorosität noch

* Es handelt sich um eine Umfrage bei Autoren »Welches Buch hat Sie im Jahr 1975 besonders beeindruckt und weshalb?« Die Veröffentlichung der Antworten, die sich zum Teil auf die in der Zeitschrift »Sinn und Form« veröffentlichte, politisch scharf kritisierte »Unvollendete Geschichte« von Volker Braun bezogen, wurde von Kurt Hager, dem Leiter der ideologischen Kommission des Politbüros des SED, untersagt. Es war das einzige direkte und strikte Druckverbot, das der Redaktion je erteilt wurde.

** Walter Nowojski, im Vorjahr berufener Chefredakteur, den Anna Seghers durch ihre Zusammenarbeit für einen Dokumentarfilm zur Geschichte des Romans »Das siebte Kreuz« kannte. Im Prinzip ging es bei den Vorgängen um die Zügelung des von der SED selbst ausgerufenen neuen Verhältnisses von Kunst und Politik, wie Nowojski es im Juli 1993 in einem Brief auf Fragen von Bernd Jentzsch charakterisierte. Die Abberufung als Chefredakteur war vorgesehen; sein Verbleib war auch einem Einspruch von Anna Seghers zu danken.

nie gegeben. Die Beiträge sollten doch, wie gefordert, der Auseinandersetzung von Kunst mit der Realität dienen, ein redliches Argument. Aber man hätte sicherlich besser einen Krach *nach* der Veröffentlichung riskieren sollen, der hätte vermutlich prinzipiellen Nutzen durch Öffentlichkeit gebracht.

SEGHERS Hatte sich der Chefredakteur mit Henniger* beraten?

ROSCHER Das weiß ich nicht, vermute es aber. Doch sicherlich nicht nur mit ihm, da spielte vermutlich auch das Büro Hager beim ZK eine Rolle. Genau weiß ich es nicht. Die Auseinandersetzungen fanden ohne uns Redakteure statt, aber es ist ja klar, dass eine Redaktion nicht arbeiten kann, wenn sie irgendwo erst Rat oder Rückendeckung suchen muss, weil vielleicht Ärger ins Haus stehen könnte. Übrigens haben die Autoren interessante Beiträge geliefert, die wir nun einzeln veröffentlichen wollen. Sie sind teilweise ziemlich umfangreich, wären für den Zusammenhang einer Umfrage ohnehin nicht geeignet gewesen.

SEGHERS Duuu, weißt du, dass Grete Weiskopf und Gertrud Herzfelde aus Salzburg stammen und Geschwister sind?

ROSCHER Die schönen Bernheim-Töchter, kaum zu glauben. Und Gretes Vater und Franzens Mutter sind in ihrer Jugend ein Liebespaar gewesen, das hat mir Grete erzählt.

SEGHERS Seltsam oder auch wieder nit. – Wie kamen wir jetzt darauf?

* Gerhard Henniger, Sekretär des Schriftstellerverbandes der DDR von 1966 bis 1990.

[?] *Juni 1977*

SEGHERS Das Büchlein*, das du mir gebracht hast, habe ich angesehen, nur lesen konnte ich es nicht. Aber um so mehr hab ich die Bilder betrachtet. Mich freut's, dass Niemeyer-Holstein mich porträtieren möchte. Es gibt schon Bildnisse von mir, aber keine gar so berückenden. Du musst auch wissen, dass ich nicht stillsitzen kann. Das solltest du ihm sagen.

ROSCHER Ganz ohne sich eine Weile ruhig zu verhalten, wird's kaum zu machen sein. Aber er hat ja Helene Weigel gemalt und Katja Hayek, die Frau von Erich Arendt. Beide sind nicht gerade das, was man phlegmatische Naturen nennt.

SEGHERS Das Porträt von der Helene Weigel find ich gut. Aber in dem kleinen Heft haben mir auch die Bilder vom Meer und vom vereisten Strand zugesagt.

ROSCHER Schreib doch Niemeyer ein paar Zeilen. Es geht ihm nicht gut, er würde sich über deine Zustimmung bestimmt freuen. Und ich wäre nicht mehr nur der Vermittler.

SEGHERS Ich hab einen Zettel ins Buch gelegt. Vielleicht schreib ich ihm oder dir noch einen Brief. Aber ich werde an die Ostsee nicht fahren können. Wo könnte man dort wohnen?

ROSCHER In einem Hotel oder in einem Ferienhaus. Oder bei uns, denn wir haben gemeinsam mit Wolf Kaiser auf Usedom ein kleines Haus gepachtet, allerdings etwas entfernt von Lüttenort, dem Sitz Niemeyers, da ist man

* Reihe Maler und Werk: »Otto Niemeyer-Holstein«, herausgegeben von Ulrike Görner, Verlag der Kunst, Dresden 1974. – Die beabsichtigten Porträtsitzungen kamen infolge Erkrankung des Malers nicht zustande.

auf ein Auto angewiesen. Vielleicht lässt es sich einrichten, dass wir dir behilflich sein können.

SEGHERS Diesen Kaiser schätz ich ganz besonders, als Mackie Messer war er toll.

ROSCHER Er wäre allerdings nicht anwesend, wenn du dort sein würdest. Das Haus ist zu klein. Auch müsste die Frage des Transports geklärt werden. Es wäre täglich eine Distanz von etwa zehn Kilometern zu überwinden. Es gibt aber auch eine Wohnmöglichkeit in Niemeyers Nähe, in einem Forsthaus. Da würde der Künstler sicherlich vermitteln. Zunächst wollte ich aber hören, wie du dazu stehst. Der Maler würde sich jedenfalls freuen, dich porträtieren zu können.

SEGHERS Ist es alt, euer Haus?

ROSCHER Ziemlich alt, ein Bauernhaus. Das Hinterland von Usedom ist altes Siedlungsgebiet, zu sehr früher Zeit müssen an dieser Stelle schon Menschen gelebt haben. Dafür gibt es Belege, ein Hünengrab am Ortsrand zum Beispiel, und wenn man ein paar Meter über die Felder geht, findet man Feuersteinklingen, Steinbeile, keramische Scherben. Die Bauern sagen scherzhaft, es hätten schon Neandertaler da gehaust. Beim Rekonstruieren des Pflasters im Flur unseres Hauses fand ich ein Steinbeil aus dem Neolithikum.

SEGHERS Wie kam es dorthin?

ROSCHER Vielleicht hat man es symbolisch vergraben. Auch in anderen Häusern wurde – unter Türschwellen zum Beispiel – frühgeschichtliches Arbeitsgerät gefunden, Steinbeile, Stein-Klingen und anderes.

SEGHERS Es ist erregend, solch einen Fund zu machen.

ROSCHER Man darf ihn aber nicht einfach behalten, muss ihn Fachleuten vorlegen. Mir hat man ihn mit einer Expertise zurückgegeben; es gibt übergenug solcher Geräte in den

Museen. Aber ich musste in Schwerin den Fundort, ja sogar die Fundstelle auf einer Karte markieren und den Hergang beschreiben Im Museum dort befindet sich übrigens eine Bronze-Lure aus dem 10. Jahrhundert vor unserer Zeitrechnung, die man in Mecklenburg geborgen hat. Professor Ewald Schuldt, der Direktor des Museums für Ur- und Frühgeschichte in Schwerin, zog eine große Wandschranktüre zurück, und da sah ich das Instrument – gut erhalten, samt der Kette, mit der es vor der Brust getragen wurde. Er nahm es heraus, und ich durfte es in den Händen halten – ein seltsames Gefühl war das.

[?] *April 1978*

Ich ziehe verstohlen einen Notizzettel aus der Tasche, dabei fällt mir der Stift aus der Hand. Anna Seghers amüsierte es.

SEGHERS Du kannst es doch auch so machen, dass du es später notierst. Auf das Wortwörtliche kommt's gar nicht an. Ich höre immer genau hin, geh dann in eine Ecke und schreib und schreib. Da kommt alles wieder hervor. Nur das Unwichtige ist weggeflogen und nicht mehr einzufangen. Das ist gut so. Du sprachst neulich von einer Zeichnung für Arendt.

ROSCHER Sie stammt von Dieter Goltzsche, dem in Berlin lebenden Künstler, einem eigenwilligen philosophischen Zeichner. Wir hatten ihn um eine Zeichnung gebeten – als Geschenk der Redaktion quasi. Du kannst sie im Märzheft der NDL sehen, der 75. Geburtstag Erich Arendts ist erst in diesem Monat. Wir haben leider immer wieder produktionstechnisch bedingte

Auslieferungsverzögerungen, deswegen haben wir die Abbildung vorgezogen. Es ist ein schönes, aber nicht leicht »lesbares« Blatt. Ich würde gerne deinen Eindruck hören. Ich kann dir das Heft schicken.

SEGHERS So lange will ich nicht mehr hier sein. Ich werde die Zeichnung sehen, wenn ich wieder zu Hause bin. – Aber jetzt sag mal: Findest du, dass Christa Wolf eine schöne Frau ist?

ROSCHER Du stellst mir eine schwierige Frage. Christa ist nicht hässlich, darauf können wir uns schell einigen. Ich sehe sie gern. Aber das besagt sehr wenig, es ist auch eine Sache der Kriterien, die der Betrachter anlegen muss.

SEGHERS Oder anlegen kann. Ich denke aber, dass sie schön ist, sehe ihr besonders gerne ins Gesicht. Deine Frau gefällt mir auch, sag ihr das mal, ich mag sie gern.

ROSCHER Man sollte so etwas wohl besser spüren lassen.

SEGHERS Nein, so etwas muss man auch sagen. Etwas spüren lassen, ist das eine, aber das andere ist schwieriger, ein Gefühl in Worten auszudrücken. Du musst dir angewöhnen, so etwas zu sagen. Mir hast du doch Blumen mitgebracht.

ROSCHER Die Sprache der Blumen, das ist was anderes: Ich verehre dich und möchte dir eine Freude machen. *(Es waren nur fünf Nelken, für die ich aus dem Oberfach des Küchenschranks eine Vase geangelt hatte.)*

SEGHERS Da kommst du besser ran. Ich muss immer erst auf'n Stuhl steigen. *(Beim drapieren brach ein Blütenstengel ab. Ich versuchte die kurze Blume zwischen den anderen auf gleicher Länge zu halten.)* Die Japaner schneiden Blumen unterschiedlich lang und stecken sie nach einem Regelkanon, um etwas auszudrücken: Freude, Liebe, Demut, Trauer …

ROSCHER Ikebana.

SEGHERS Ach, das kennst du?

ROSCHER Es hat mir mal jemand gezeigt, dass man Zuneigung dadurch ausdrücken kann, indem man eine Blüte aufrecht stellt und eine zweite ihr zuneigt.

SEGHERS Das will ich mir gleich notieren. Jorge Amado hat mir das einmal erklärt. Aber ich hab's nit aufgeschrieben und deswegen gleich wieder vergessen. Also aufschreiben! Übrigens ist Amado ein großartiger, herzensguter Kerl, aber leider kein besonders guter Schriftsteller.

19. August 1978

(Haus am See, Gästehaus des Ministerrats, Altenhof bei Lindow in der Mark Brandenburg)

ROSCHER Man sagte mir, dass du mich sprechen und mir etwas erzählen möchtest. Da du hier sicherlich an einen Turnus gebunden bist und nur begrenzt Zeit hast, würde ich das Bandgerät besser gleich anstellen, damit nichts verloren geht.

SEGHERS Verloren geht nichts, was nicht verloren gehen darf. Wir haben Zeit, mich freut's, dass du da bist.

ROSCHER Aber ich möchte von dir etwas über den Bund proletarisch-revolutionärer Schriftsteller erfahren; wir wollen auch noch andere ehemalige Mitglieder befragen, viele leben schon nicht mehr.

SEGHERS Jetzt wart aber mal, ich habe das Bedürfnis, zunächst etwas von dir zu erfahren. Mach das [Gerät] noch mal aus. Es geht um eine Sache vom letzten Kongress.

Anna Seghers, die aus Krankheits- und Altersgründen von ihrer Präsidentschaft entbunden worden war, befriedigte ihr Interesse durch Berichte und Protokolle. So fragte sie mich nach einem Vorgang, der ihr zu Ohren gekommen war. Ob die Darstellung stimme, die sich auf den sogenannten Kritik-Beschluss des Politbüros des ZK der SED bezog, der forderte, »in Rezensionen und anderen Beiträgen noch sorgfältiger herauszuarbeiten, welche neuen Kunstwerke zu festen sozialistischen Überzeugungs- und Verhaltensweisen und zur Ausprägung kommunistischer Ideale beitragen und welche nicht«. Anna Seghers war in der Rede des Leiters des Aktivs für Literaturkritik beim Vorstand des Schriftstellerverbandes auf den Vorwurf gestoßen, dass »Versuche solcher Art nicht immer gerade Anklang fanden, auch nicht bei der Zeitschrift unseres Verbandes«. Während sie im stenographischen Skript nach der entsprechenden Stelle fingerte, erklärte ich, dass es sich schlechthin um eine Unwahrheit handle, weswegen eine Richtigstellung zwingend gewesen wäre, für die man mir als verantwortlichem Redakteur aber keine Redezeit gewährt hatte, weil man wohl eine Blosstellung des Redners, seines Zeichens Professor der Akademie für Gesellschaftswissenschaften beim ZK der SED, befürchtet hatte. Denn gerade er hatte nämlich kraft seiner Funktion einen Grundsatzbeitrag zum »Thema Kritik« für das zum Schriftstellerkongress konzipierte Heft der Zeitschrift angemeldet, ihn dann aber trotz Mahnungen nicht geliefert, so dass eine Neukonzeption dieses Teils der Zeitschrift kurz vor Druckbeginn notwendig geworden war. Womöglich hätte er auch nur Mumpitz geliefert, gab Anna Seghers zu bedenken. Auch wir vermuteten die so entstandene Lücke nicht als herben Verlust, erschraken aber, dass vom Podium des Kongress-Präsidiums mit politischem Vorwurf verkündet werden konnte, wir hätten etwas abgelehnt, was gar nicht geliefert worden war. Und weshalb hat es der Chefredakteur nicht richtiggestellt?, fragte Anna Seghers, er hätte als Mitglied des Kongress-Präsidiums doch Rederecht gehabt. Hat's vielleicht auch nicht bekommen, entgegnete ich, ließ mich im Regen stehen. Deswegen war ich zornig zur Crème de la crème ins Mittagsséparée vorgedrungen, um den Vorgang richtigzustellen. Kurt Hager hatte den erregten Wortwechsel zwischen Jarmatz und mir aus nächster Nähe verfolgt und war wohl auch über die Begründung meines Kontrahenten erschrocken, er habe den Vorwurf aus dem Redemanuskript tilgen wollen, doch es zu tun vergessen. Hager hatte konsterniert Messer und Gabel beiseitegelegt und mich aufgefordert, ihm das noch einmal in aller Ruhe genau zu erklären. Danach stand mir der Sinn jedoch nicht. Ungehalten verließ ich den Raum.

Gut, dass die Sache angekommen ist, meinte Anna Seghers. Es schien sie zu befriedigen. Aber es war nur ein Pyrrhussieg, denn wenig später verlautete, dass es beim Organ des Schriftstellerverbandes in Bezug auf die Umsetzung der Parteibeschlüsse deutlich Handlungsbedarf gäbe. Hinnerum, sagte Anna Seghers, was hinterrücks meinte. Da passt mal acht, meinte sie und leitete zu meiner Frage über den »Bund proletarisch-revolutionärer Schriftsteller« über.

SEGHERS Du hattest mich nach dem Bund gefragt.

ROSCHER Wir haben die Absicht, Zeitzeugen über diese Schriftstellervereinigung zu befragen. So manches ist ins Vergessen geraten.

SEGHERS Denk nit, dass das ein großer Verband gewesen ist. Er hatte auf die Öffentlichkeit keinen übermäßigen Einfluss, ich weiß nicht mal, wann ich eingetreten bin.

ROSCHER Das kann ich dir sagen, 1929 war das. Ich habe im Aktionsprogramm des Bundes gelesen, da heißt es: »Die proletarisch-revolutionären Schriftsteller bekennen sich im vollen Bewusstsein dazu, dass ihr Schaffen eine Waffe der Agitation und Propaganda im Klassenkampf sein soll, und betrachten die künstlerisch gestaltete ›Tendenz‹ als notwendiges Rückgrat ihres Werkes.« So verstanden, so apodiktisch, habe ich starke Zweifel, dass Literatur ihre Aufgabe selbst in dem genannten Sinne auch nur im geringsten erfüllen kann.

SEGHERS Man muss das in der Zeit sehen. Wir, die zusammengeschlossenen Schriftsteller, wollten etwas bewirken, was den Menschen in ihrer schwierigen Lage über den Alltag hilft. Mehr war ja auch kaum möglich.

ROSCHER Im gleichen Jahr, 1929, gab Johannes R. Becher einen Bericht über die Tätigkeit des Bundes, darin heißt es, dass Anna Seghers – immerhin hattest du in der bürgerlichen Literaturgesellschaft schon einen Namen – nicht als Sympathisierende zum Bund gekommen ist, sondern als eine Autorin, die »die Literaturlosung völlig angenommen« hat. Heißt dies, dass du mit den Losungen und Verlautbarungen des Bundes völlig d'accord gewesen bist?

SEGHERS Ich wüsste nicht einmal genau zu sagen, wieweit mein Beitritt zum Bund Ausdruck meiner damaligen politischen Überzeugung gewesen ist. Ich hatte die Erzählungen »Grubetsch«, »Aufstand der Fischer von St. Barbara«, »Die Ziegler« und »Auf dem Weg zur amerikanischen Botschaft« geschrieben. 1928 war ich in die Kommunistische Partei eingetreten. Meine ganze Entwicklung war so verlaufen, dass ich einige gute Freunde, Genossen der KP, hatte, die bereits dem kurz vorher gegründeten Bund proletarisch-revolutionärer Schriftsteller angehörten. Dort kamen sie mit anderen zusammen, die künstlerisch arbeiteten und ernst genommen wurden in ihrer Begabung in dem schweren, oft aussichtslosen, oft arbeitslosen Leben.

ROSCHER War der Bund also auch eine Form berufsständischer Zusammengehörigkeit Gleichgesinnter?

SEGHERS Er war wohl mehr eine revolutionäre Gemeinschaft, und es war die ganze Atmosphäre, die mich im Bund heimisch werden ließen. Erst nachträglich zeigte sich aber, dass das, was ich schrieb, auch auf der Seite der Unterdrückten und Entrechteten mitkämpfte.

ROSCHER Literatur wofür und für wen?

SEGHERS Das ist eine wichtige Frage, vor allem eben in Zeiten der sich täglich immer mehr zuspitzenden Widersprüche. Davon kannst du dir heute keine Vorstellung machen, was damals los war, wie das Elend alle ergriff – außer den wenigen, die oben saßen und die das alles nicht zu rühren schien. Natürlich kann Literatur nichts direkt ändern, aber sie kann das Leben auf besondere Weise durchschaubar machen; sie kann es auch schöner machen, lebenswerter, kann die Menschen befähigen, standhaft zu sein. Dadurch wirkt sie politisch. Indem dieser oder jener Leser sagt, ja, so wie es dieser oder jener Figur der Literatur ergeht, so ergeht es mir auch, und vielleicht werden die Gründe, die zum Elend geführt haben, deutlich. Das ist schon viel. Dadurch wirkt Literatur politisch. Oto Bihalji, der damals Sekretär des Bundes war, hat das mal knapp und präzise formuliert.*

ROSCHER In dem genannten Bericht des Bundes heißt es auch, dass du vom PEN-Club in London eingeladen

*Der aus Jugoslawien stammende Kunsthistoriker Oto Bihalji-Mérin (1904–1993) schrieb: »Die Literatur ist eines der wichtigsten Machtmittel der herrschenden Klasse. Sie hält Millionen unter ihrem Einfluss und ist mitbestimmend für ihre Entwicklung. Vor allem aber übt die reaktionäre Schundliteratur einen verheerenden Einfluss auf das Bewusstsein der Massen aus. Riesenauflagen, Millionen von Büchern, ein Turm von gedrucktem Papier steigt täglich aus den Buchdruckpressen der Welt. Konfektionsware des Geistes, die mit rasender Schnelligkeit und zäher Beharrlichkeit in die Poren des gesellschaftlichen Lebens eindringt.« Zitiert nach Friedrich Albrecht und Klaus Kändler: »Bund proletarisch-revolutionärer Schriftsteller Deutschland 1928–1935«, Bibliographisches Institut Leipzig, 1978.

worden warst, wo du mit einem Angriff auf die »rein künstlerische Literatur eine gute Pionierarbeit« leistetest. Ich war über diese Formulierung insofern überrascht, als ich dich eher als eine vermittelnde, jede Einseitigkeit meidende Autorin verstehe. Was heißt »rein künstlerisch«? Ich vermute, dass du auf gesellschaftlich irrelevante Literatur hinauswolltest, auf flache Unterhaltungsliteratur, die sich mehr einlullend gibt, eben »nur« künstlerisch oder ausschließlich unterhaltend.

SEGHERS Ich wollte keinen Angriff auf die sogenannte rein künstlerische Literatur. Ich glaubte schon damals, dass wahrhaft künstlerische Literatur mit dem Lebenswesentlichen verbunden ist. Und wenn mir etwas künstlerisch gelang, dann trat meine Verbundenheit mit dem, was ich für wesentlich hielt, daraus hervor. Man kann das Künstlerische gar nicht vom Politischen trennen.

An meinen Vortrag im PEN-Club habe ich keine genaue Erinnerung mehr; wahrscheinlich war ich nach London eingeladen worden, weil ich den Kleist-Preis bekommen hatte. Ich glaub nit, dass ich da »Pionierarbeit« geleistet habe. Sicherlich werde ich dort meine Meinung vertreten haben, dass das Künstlerische und das Politische zusammengehören. Diese Einheit drückt sich, wie ich glaube, in den Geschichten »Die Ziegler« und »Die Bauern von Hruschowo« aus – und in der Erzählung »Auf dem Wege zur amerikanischen Botschaft«, die ebenfalls um diese Zeit entstanden ist.

ROSCHER Es scheint im Bund auch heftige theoretische Diskussionen gegeben zu haben. Haben sie dich interessiert, deine Arbeit beeinflusst?

SEGHERS Die Diskussionen im Bund haben mich interessiert. Vielleicht bin ich sogar von einzelnen Auseinandersetzungen – über Fragen des Gestaltens etwa – beeinflusst worden, auf die uns Georg Lukács gebracht hat. Es waren aber nicht diese Diskussionen, die mich in den Bund zogen, es waren vor allem die Menschen, Leute wie Kisch, Bredel, Renn, Weinert, Weiskopf, Becher und einige andere.

ROSCHER Lukács als der theoretische Kopf …

SEGHERS Er arbeitete oft mit uns.

ROSCHER … hat dich offensichtlich sehr angeregt.

SEGHERS Wie ich schon erwähnte: Lukács arbeitete mit uns, und ich habe seiner Argumentation gerne zugehört. Vielleicht fand ich nicht alles, was er sagte, richtig, aber bedenkenswert. Unsere Auseinandersetzungen sind ja bekannt und viel diskutiert.

ROSCHER 1930 gehörtest du zur Delegation des Bundes, die zum II. Internationalen Kongress für proletarische und revolutionäre Literatur nach Charkow fuhr. Es gibt ein Foto, auf dem du gemeinsam mit Renn und Weiskopf zu sehen bist. Vermittelte dieser Kongress Impulse, hatte er Auswirkungen auf dein Schreiben?

SEGHERS Mehr haben mich die Menschen in der jungen Sowjetunion in ihrer Haltung beeindruckt, ja, das ganze Land hat einen ungeheuren Eindruck gemacht, 1930. Ich erlebte zum ersten Mal die sozialistische Arbeit, die Wettbewerbe in dem von kapitalistischen Zwängen befreiten Leben. Diesem gewaltigen Unterschied zu dem, was im eigenen Lande passierte, konnte man sich nicht entziehen. Zum Beispiel am Dnepr. Zu beiden Seiten des Stromes wurden die Ufer befestigt. Jeden Abend erschienen beiderseits Leuchtziffern, die anzeigten, wie viel die Arbeiter am Tage geschafft hatten. Heute ist das für viele nichts Besonderes mehr, aber auf uns machte das damals großen Eindruck. Es gab in einem Gedicht von Kuba [Kurt Barthel] die Zeilen: »Doch den Kriegen folgte jene Zeit der Wettbewerbe, / und die Zeit der Wettbewerbe / war der Anbeginn.« Es war das ganz und gar Neue, das uns damals erregte.

Aber es gab auch anderes, Schreckliches, was mich verstörte. Und nun horch mal gut her, denn das kannst du so nit drucken. Die Trude Richter war die Frau von Hans Günther, der bei Franz Oppenheimer promoviert hat. Er war ein guter Publizist, Organisator und Literaturtheoretiker, forderte von der bürgerlichen Literaturwissenschaft, das Leben und den Kampf der Arbeiterklasse als essentiales Thema zu begreifen. Als Redakteur der Zeitschrift »Internationale Literatur« wurde er verleumdet, verhaftet und ins Lager nach Wladiwostok gebracht, wo er starb. Trude Richter gehörte ebenfalls zum Bund, sie war Mitglied des Vorstandes. Weißt du, was mit ihr passiert ist?

ROSCHER Nein.

SEGHERS Ich will's dir sagen. Trude wurde aus unerklärlichen Gründen auch nach dem Krieg noch in einem Lager fern im Osten festgehalten. Irgendwann und irgendwie hat sie einen Brief an mich durchschmuggeln können, einen Hilferuf. Es gehe ihr nicht gut, ich solle ihr helfen. Der Zufall wollte es, dass mich zu dieser Zeit Boris Polewoi besuchte. Den habe ich gleich mit eingespannt. Er hatte zu dieser Zeit eine Verbandsfunktion, war auch Präsidiumsmitglied.

ROSCHER Hättest du als Präsidentin des Schriftstellerverbandes nicht auch ohne ihn …

SEGHERS … berechtigte Frage. Das hätte aber womöglich zu Verzögerung geführt, da war Polewoi besser geeignet. Wir kannten uns ganz gut, da habe ich ihm den Brief gezeigt und gesagt, wenn wir uns nicht weiter und immer weiter unglaubwürdig machen wollen, müssen wir hier was tun, in diesem Einzelfall und prinzipiell. Er versprach mir, sich an die obersten Instanzen zu wenden, und er hat es getan. Kurze Zeit später ist Trude Richter in die DDR gekommen. Sie wäre sonst womöglich kaputt gegangen. Sie lebt jetzt in Leipzig, arbeitet als Dozentin am Literaturinstitut, hat auch viel über die russische Literatur und über Schriftsteller publiziert. Bei meinem Gespräch mit Polewoi habe ich vermutlich an unsere Rettung aus dem besetzten Paris gedacht. Damals hat sich Ilja Ehrenburg für uns eingesetzt.

ROSCHER Im »Lexikon sozialistischer deutscher Literatur«, erschienen 1964, ist nachzulesen, dass Hans Günther auf Grund falscher Anschuldigungen in der Zeit des Personenkults verurteilt und nach dem 20. Parteitag der KPdSU rehabilitiert wurde. Ums Leben gekommen ist er aber schon 1938 in Wladiwostok.

SEGHERS Schrecklich. Trude solltet ihr in dem Zusammenhang klug befragen, sie keinesfalls vergessen.

ROSCHER Selbstverständlich nicht.

SEGHERS Und pass acht, dass man den Bund, dessen Arbeit oft unterbewertet worden ist, nun nicht überbewertet. Er war in seiner Zeit wichtig, im Bewusstsein der Öffentlichkeit spielte er keine besondere Rolle. – Aber jetzt hören wir auf, mir ist schon ganz schwummrig.

ROSCHER Wir haben ja auch einiges zusammengetragen. Da lässt sich etwas zusammenstellen, was ich dir dann nochmals zur Korrektur und Ergänzung vorlegen werde.

SEGHERS Das mach mal.

Ende August 1978

(bei Gelegenheit der Arbeit am Manuskript des voraufgegangenen Gesprächs)

ROSCHER Ich möchte gerne noch einmal auf dein Ablösen vom Elternhaus zu sprechen kommen, denn der Schritt aus der bürgerlichen Atmosphäre an die Seite der linken Literaturbewegung ist sicherlich nicht einfach gewesen. Es wird bei euch gepflegte Bürgerlichkeit geherrscht haben, Originalgemälde an den häuslichen vier Wänden werden deinen Alltag begleitet haben, vermute ich.

SEGHERS Nein, wir hatten überhaupt keine wichtigen Bilder an den Wänden, die hätten sich meine Eltern nicht leisten können. Mein Vater war auf alte Niederländer spezialisiert, hat Bilder nur gekauft – in Paris, in Madrid und sonstwo – , um sie möglichst bald wieder zu verkaufen an Bankleute, Geschäftsleute …

ROSCHER … auch an Museen?

SEGHERS Glaub nit. Und mit zeitgenössischer Kunst, auch mit Impressionisten und Malern der aufkommenden Kunstbewegungen, wie der Dresdner Brücke und so weiter, kam er nicht in Berührung, die waren damals in Deutschland längst nicht so gefragt.

ROSCHER Da hatte dein Vater wohl gar kein Ladengeschäft?

SEGHERS Doch, das hatte er schon, aber dort hingen keine wichtigen oder wertvollen Bilder, die kamen da gar nicht erst hin, die vermittelte er anhand von Expertisen. Dafür bekam er Provision.

ROSCHER Und deine Mutter? Befasste sie sich mit den Geschäften deines Vaters? Von ihr hast du bisher wenig erzählt.

SEGHERS Ich hab aus Gründen wenig über meine Mutter erzählt, und ich weiß nicht, ob's richtig ist, es jetzt zu tun. Jedenfalls sollst du wissen, dass ich kein so gutes intellektuelles Verhältnis zu ihr hatte wie zu meinem Vater, der verstand mich besser, und ich verstand ihn auch sehr gut. Ich war ein fürchterliches Kind, ich machte meinen Eltern immerzu Probleme, und mein Vater zeigte für mich oft mehr Verständnis als meine Mutter, die ich natürlich trotzdem sehr liebte. Mit den Geschäften meines Vaters hatte meine Mutter nichts zu tun, sie hatte auch keine Beziehung zu seiner Arbeit. Sie hat sich für anderes interessiert. Zum Beispiel lernte sie die Blindenschrift.

ROSCHER Gab es dafür einen direkten Anlass?

SEGHERS Vielleicht hatte sie einmal eine Begegnung mit einem Blinden, die das ausgelöst hat. Sie hatte ein starkes Sozialempfinden. Eigentlich hätte ich Grund gehabt, auch ihr dankbar zu sein, denn ihrem Erzählen verdanke ich viele Anregungen für meine ersten Geschichten. Meine Mutter unterrichtete zum Beispiel manchmal an der Mainzer Dummenschul – so nannten die Bürgerlichen die Schule wirklich –, da mangelte es oft an Lehrern. Da hat sie mir so manches über die armen Teufel dort erzählt, was mich anregte. Ich bin oft gefragt worden, woher ich das Leben der Armen so genau kannte.

ROSCHER Die Antwort lag auf der Hand.

SEGHERS Ja. Ich konnte doch überall hingehen und sehen, was ich sehen wollte. Und ich wollte sehen. Man muss doch nicht, um etwas beschreiben zu können, es erst selbst erlebt haben, man muss nur richtig hinsehen und intensiv mitempfinden.

Mir fällt in diesem Zusammenhang gerade etwas ein, und ich komme noch mal auf etwas zurück, worüber wir schon gesprochen haben: Sowjetunion. Als ich 1930 das erste Mal dort war, waren manche Genossen enttäuscht, dass ich von dem ganz und gar anderen, das dort geschah, nicht so begeistert war wie sie. Beeindruckt war ich durchaus sehr, aber regelrecht aufgewühlt haben mich vor allem die Besprisorniks, die Kinderbanden, die vielen zerlumpten armen kleinen Teufel. Sie nahmen mich völlig in Anspruch. Was der Krieg aus Menschen machen kann!

ROSCHER Der erste Weltkrieg war ja auch im Innern Deutschlands zu spüren gewesen, du hast es schon bewusst erlebt. Aber eine Familie in wohlgeordneten Verhältnissen eines bürgerlichen Hauses konnte da vermutlich doch ein gewisses Refugium bilden.

SEGHERS Wir hatten, wie du weißt, kein Haus, wir lebten in einer Etagenwohnung mit der typischen Wohnzimmeratmosphäre. Fürchterlich! Und das Eingesperrtsein darin war mir so zuwider, dass der Drang in mir immer stärker wurde, schnellstmöglich auszufliegen.

ROSCHER Kam von daher auch deine Vorliebe, dich auf Nicht-Bürgerliches zu konzentrieren? »Grubetsch« entstand um die Jahreswende 1926/27, denn Anfang März wurde die Geschichte von der »Frankfurter Zeitung« in Fortsetzung gedruckt.

SEGHERS Jahresangaben kann ich nit machen.

ROSCHER Der Abdruck begann am 10. März 1927. Ich vermute, dass die Erzählung gegen Jahresende entstanden ist.

SEGHERS Du hast recht, ich hab die Erzählung in den Feiertagen zum Jahresende geschrieben. Sie fand gleich Interesse und wurde sofort gedruckt.

ROSCHER Und dann folgten »Die Fischer von St. Barbara«, für sie bekamst du den Kleist-Preis.

SEGHERS Jetzt wirst du dich über das, was ich dir sage, sehr wundern: Den Kleist-Preis bekam ich eigentlich gar nicht für die »Fischer von St. Barbara«, wie es überall steht und immer fortgeschrieben wird. Hans Henny Jahnn, der den Preis repräsentierte, hatte »Grubetsch« gelesen, und er war sofort dafür, dass ich den Preis bekommen solle. Das Manuskript für »Die Fischer von St. Barbara« war da noch gar nicht fertig.

ROSCHER Vielleicht musste Jahnn laut Satzung etwas Ungedrucktes vorschlagen?

SEGHERS Das könnte sein, es ist anzunehmen.

ROSCHER Du kanntest Jahnn also damals schon näher?

SEGHERS Noch nicht gar zu gut. Später waren wir eng befreundet. Ich hab mal eine Zeitlang bei ihm in der Nähe von Hamburg auf dem Land* gewohnt. Er war verheiratet, bekannte sich aber zu einer freien Lebensweise. Er lebte mit einem Freund zusammen. Ab und zu tauchte auch seine Frau auf, manchmal gemeinsam mit ihrer Schwester – oder vielleicht war's ihre Freundin. Wir verstanden uns alle gut, es war eine schöne Zeit. Jahnn war ein großartiger Mensch, sehr eigenartig, sehr gebildet, damals war er Mitglied der KPD, wenn ich mich richtig erinnere. Er verstand auch sehr viel von Malerei, ebenso von ostasiatischer und afrikanischer Plastik.

ROSCHER Musiktheoretiker war er auch.

SEGHERS Auf seiner Musiktheorie beruhten seine Lebensansichten, schon fast ein Glaubensbekenntnis – kurios. Damit konnte ich wenig anfangen, aber gestört hat's mich auch nicht.

* Es handelt sich um die lebensreformerische Gemeinde »Ugrino« in Eckel bei Hamburg-Harburg, die Hans Henny Jahnn gemeinsam mit seinem Freund Gottlieb Harms gegründet hatte, die formal jedoch nur bis 1925 bestand. Harms war mit Sibylle, der Halbschwester von Jahnns Ehefrau Ellinor, verheiratet.

ROSCHER Was machtest du mit dem Geld des Kleist-Preises?

SEGHERS Es war eine willkommene Nebeneinnahme. Wir machten gleich eine Reise nach Skandinavien …

ROSCHER Wir? Wer gehörte zu diesem Kreis?

SEGHERS … eine unvergessliche Sommerreise. Skandinavien hat ein ganz merkwürdig offenes Licht. Und wir waren jung und unbeschwert und nie müde. Die hellen, nie endenden Abende …

Mach jetzt mal Pause.

Die Autorin saß eine Weile mir stumm gegenüber und schien durch Erinnerungen zu schweifen. Wenig später sah sie mich schelmisch an und räkelte sich zurecht.

SEGHERS Kannst das [Tonbandgerät] wieder anknipsen. Was interessiert dich noch?

ROSCHER Ich möchte dich zu einer anderen frühen Erzählung befragen, dem »Vertrauensposten«. Das Manuskript wurde unlängst im Brecht-Nachlass gefunden. Kann man vermuten, dass es über die Schauspielerin Margarete Steffin zu Brecht gelangt ist, sie war mit ihm befreundet, dieser es zurückbehielt, um aus dem Stoff etwas zu machen – ein Theaterstück vielleicht? Jedenfalls lag dein Manuskript unter seinen Manuskripten.

SEGHERS Wie die Erzählung zu Brecht gelangt ist, weiß ich nit. Während meiner Zeit in Paris – ich war damals ratlos, und es ging mir schlecht – kam ich eines Tages an der Schweizer Botschaft vorbei, und ich las auf einem Schild an der Türe, dass nur demjenigen Zutritt gestattet sei, der eine verwandtschaftliche Beziehung zu jemandem in der Schweiz nachweisen kann. Da kam mir wie ein Blitz die Idee, dass ich einen guten Bekannten in der Schweiz als Verwandten ausgeben könnte. Das war Hans Richter, ein interessanter Künstler – Schriftsteller, Maler, auch Filmemacher –, er gehörte zu den Initiatoren der Züricher Dada-Bewegung. Wer konnte schon nachweisen, dass er nicht mein Vetter war. Aber die Schweiz nahm kaum Emigranten auf, und wer ohne Erlaubnis erwischt wurde, lief Gefahr, nach Deutschland abgeschoben zu werden. Das konnte ich nicht riskieren. So schrieb ich an Richter, dass ich in großer Not festsitze, und schickte ihm ein älteres, noch nicht gedrucktes Manuskript mit der Bitte, es irgendwo unterzubringen. So könnte es zu Brecht gelangt sein.

ROSCHER Und konnte Richter helfen?

SEGHERS Er schickte Geld, aber ich weiß nicht, ob's aus seiner eigenen Tasche stammte oder ob er das Manuskript verkauft hat. Ich hab später vergessen, danach zu fragen.

ROSCHER Wo hätte er es denn unterbringen können – in der Schweiz?

SEGHERS Bei einer Agentur. Er ging 1941 oder 42 als Lehrer in die USA.

ROSCHER Und, was vermutest du, wie kam dann das Manuskript zu Brecht?

SEGHERS Richter könnte es ihm gegeben haben, um Brecht für den Stoff zu interessieren*; vielleicht wollten sie auch gemeinsam etwas daraus machen. Dass Brecht den Vorfall dann aufgegriffen und ein eigenes Stück daraus gemacht hat, darin sehe ich nichts Schlimmes. Brecht wollte mir bestimmt nichts stehlen. Und nun ist das Manuskript ja auch wieder da, weil Brecht es zu meinem Glück zu seinen eigenen Sachen gelegt hatte.

* Der Titel lautet bei Bertolt Brecht: »Der Arbeitsplatz oder Im Schweiße deines Angesichts sollst du kein Brot essen«.

ROSCHER Habent sua fata libelli.

SEGHERS Manuskripte manchmal auch. – Was ich zu Lukács zu sagen vergaß: Ich möchte nit, dass die These »Beschreiben – Gestalten« falsch verstanden wird, sie hatte damals etwas ungeheuer Produktives. Sie zwang uns nämlich, über das hinter einem Problem stehende Problem nachzudenken. Da ging es auch um den Unterschied von Literatur und Journalismus, ohne das eine oder andere herabsetzen zu wollen. Im Bund gab es einige, die von der Arbeiterpresse kamen, sie sprachen aus der unmittelbaren Erfahrung, aber sie schrieben meistens keine poetische Literatur. Und diesen Unterschied wollten manche nicht wahrhaben, das hat der Literatur nicht genützt. Und dann gab's auch noch Leute, die Kritik gleich als feindlich verschrien – gefährlich.

Neulich zeigte mir jemand überrascht, dass ich den »Letzten Weg des Koloman Wallisch« einmal als Erzählung und ein andermal als Reportage bezeichnet habe. Beide Bezeichnungen stammten nicht von mir, sondern von Verlagsleuten. Mir sind solche Benennungen immer ziemlich gleichgültig gewesen, sie besagen nicht viel. In ein Manuskript, das ein guter Erzähler geschrieben hat, ist meistens mehr aus der Phantasie eingeflossen als in eine Reportage von einem Zeitungsjournalisten. Das ist ganz natürlich. Es kommt auch auf die Art der Phantasie an. Kisch hat bestimmt manches aus seiner Phantasie geholt und in seine Reportagen eingeschrieben. Aber sein Hinzugedachtes war doch realistischer als das vermeintlich Realistische mancher Journalisten.

ROSCHER Gestatte mir bitte in diesem Zusammenhang noch eine persönliche Frage. Immer spürte ich zwischen dir und deinem Mann so etwas wie – bitte verzeih mir den dürren Begriff – eine Arbeitskameradschaft. Seine Bemerkungen fand ich immer treffend und nützlich, obgleich sie meistens nur Einwürfe waren. Sein Tod wird für dich eine ungemein große Lücke hinterlassen haben nach eurem so gefährdeten Leben. Dass er so plötzlich sterben musste …

SEGHERS … es hätte auch umgekehrt kommen können, dann wäre er eben noch eine Zeitlang zurückgeblieben. Als mir das Unglück seines Todes geschah – es war mitten im hellen Sommer –, da wußte ich für eine Weile nicht, wie ich leben sollte. Aber nun lebe ich. Und schreibe auch wieder.

ROSCHER Mein Freund Peter Christian, den du kennengelernt hast, er wohnt in deiner Nähe, sagte mir, dass er euch bei Spaziergängen meistens in angeregtem Gespräch gesehen habe – wie ein junges Paar, das sich viel zu erzählen hat.

SEGHERS Das stimmt. Wir, Rodi und ich, haben immer miteinander gesprochen, auch wenn wir nichts Besonderes zu reden hatten. Der Rodi war doch Hochschullehrer, und er saß immer und immer über seinen Sachen am Schreibtisch und hatte wenig Zeit. Und ich hab so fürchterlich viel geschrieben, dass er nicht alles lesen konnte. Aber es hat ihn doch sehr interessiert, er wollte alles wissen. Da hab ich ihm bei unseren Spaziergängen ganze Handlungsstränge oder Besonderheiten erzählt. Und wenn er die Geschichten oder Episoden dann doch gelesen hat, hat er manchmal gesagt: Na hör mal, das hast du mir aber ganz anders erzählt! Da hab ich dann gewusst, dass ich überm Erzählen meine Geschichte selber vergessen oder Lust gehabt hatte, sie abzuwandeln. Auf diese Art kriegte ich Rodi 'rum, mit mir spazierenzugehen. Das hat dein Freund gut beobachtet.

Doch jetzt horch mal genau her, ich möchte nämlich dich was fragen, nicht ohne Grund, wie du sehen wirst. Welches meiner Bücher hast du nach dem Krieg als erstes in die Hand bekommen oder zur Hand genommen?

ROSCHER »Das siebte Kreuz«, der Roman war Schullektüre. Wir mussten über ein frei gewähltes Thema oder frei gewähltes Buch einen Aufsatz schreiben. Ich wollte eigentlich über Heinrich Manns »Untertan« schreiben, konzentrierte mich dann aber auf die Leute, die Heisler nach der Flucht aus dem KZ geholfen haben, stellte über sie Gedanken an, weil mich die Psychologie der Helfer interessierte. Auch über die magische Zahl Sieben dachte ich nach. Damit hatte ich jedoch das Thema verfehlt. Ich hätte über den antifaschistischen Kampf schreiben sollen, nicht über tief in Urgründen verankerte mentale Beweggründe deines Schreibens, was als hineingeheimnisst abgetan wurde.

SEGHERS Mit deiner Deutung wäre ich vermutlich einverstanden gewesen, sie berührt wirklich ein in mir tief ruhendes Grundbedürfnis. Vielleicht hätte ich dich gelobt. Wann war denn das?

ROSCHER 1947, im härtesten Winter. Seltsamerweise erinnere ich mich genau an eine lebensnotwendige Aufgabe, die mich wiederholt aus der Spannung des Romangeschehens herausriss.

SEGHERS Was für eine Aufgabe war das?

ROSCHER Gemeinsam mit einem Schulfreund einen Baum zu fällen. Das musste außerhalb der Stadt geschehen, heimlich, jedoch am hellichten Tag und nicht in der Nacht, denn wildes Roden war verboten. Erwischte man Erwachsene, ging's nicht ohne Strafe ab. Bei Jugendlichen drückte man ein Auge zu. In unserem Fall konnten wir mit Duldsamkeit rechnen, denn es stahlen oder wilderten mehr oder weniger alle, sonst wären wir erfroren und verhungert. Dein Roman blieb für mich mit diesem Geschehnis seltsam verbunden, obgleich es nichts mit ihm direkt zu tun hat.

SEGHERS Das kenne ich. Als ich in Marseille festsaß, fiel mir ein Band mit Nachlasserzählungen von Tolstoi in die Hände – oder es hatte ihn mir jemand gegeben. Das Buch, das schon ein oder zwei Jahre nach Tolstois Tod in Berlin erschienen war, hatte unbeschnittene Druckbogen; man musste beim Lesen ein Messer bei der Hand haben, um die Seiten aufschneiden zu können. Das hat mich wuschig gemacht. Ich habe nie wieder in dem Buch gelesen seitdem, besitze es auch nicht mehr, aber ich weiß noch, dass eine Erzählung »A ljoscha, der Topf« hieß – nicht »... der Tropf«, wie man vermuten könnte, denn ein Junge namens Aljoscha hatte den Milchtopf zerschlagen. An die Geschichte erinnere ich mich auch kaum noch, aber noch heute wüsste ich genau zu schildern, wie es in dem Café aussah, in dem ich die Erzählung las, wo ich dort gesessen habe, welche Geräusche und Gerüche mich umgaben – und was mich bedrückte an diesem Tag, zusätzlich bedrückte.

4. April 1979

SEGHERS Du wolltest eine handschriftliche Gratulation für Ludwig Renn zum 90. Geburtstag, eine Seite. Wunsch erfüllt, freue dich. Die Frage ist nur, ob sich Renn darüber freuen wird?

ROSCHER Bestimmt. Aber nun ist mein Problem, dass der Geburtstag schon in drei Wochen ist und dein Glückwunsch für einen Abdruck in der Zeitschrift leider zu

4. April 1979

ANNA SEGHERS

Lieber Ludwig Renn,

An Dir lernt man, wieviel Gutes in dem Älterwerden steckt. Zuerst haben Deine Kriegs- und Nachkriegsbücher viele Menschen aufgerüttelt u. dann, da du immer der Arbeit treu bliebst, hast du uns Alte u. unzählige Kinder aufhorchen lassen, erregt.

Ich selbst habe durch Dein Buch „Krieg" erfahren, dass das Einfache das Wirkliche ist u. ich war dir dankbar, bevor ich dich kannte.

Ich danke Dir nochmals – das ist mein Glückwunsch

Deine Anna Seghers

Von der NDL erbetene handschriftliche Gratulation zu Ludwig Renns 90. Geburtstag am 22. April 1979. Renn starb am 21. Juli des gleichen Jahres.

spät kommt, das Heft ist in Produktion. Ich hatte dich deswegen gebeten, das Manuskript bis Ende Februar anzufertigen, hatte dich auch an den Termin erinnert. Schließlich wollte ich nicht aufdringlich sein. Jetzt steht das Heft vor der Auslieferung.

SEGHERS Dann ist es meine Schuld. Aber du solltest den Postillon d'amour spielen und das Blatt Ludwig persönlich als Gruß von mir überbringen, als meinen Glückwunsch. Ich kann nämlich nit an dem Tag.

ROSCHER Das mach ich natürlich gerne.

SEGHERS Du sollst oder musst wissen, dass ich Ludwig Renn sehr mag. Er ist ein aufrechter Mann, ein anständiger Mensch. Und weißt du, was ich von ihm gelernt habe? Du kannst's nit ahnen: meinen Stil. Natürlich hatte ich meinen Stil schon gefunden, bevor ich »Krieg« gelesen hatte, aber Renn hat mich in meinem Stil bestärkt. Du weißt, ich mag Schmus-Stil nicht. Das Einfache, Sachliche ... Das Einfache ist das Schwierige, und auch das, was man so hochtrabend »das Wirkliche« nennt.

Bring du ihm meinen Glückwunsch am Geburtstagstag, sage ihm, dass ich nit früher für die NDL hab schreiben können, weil ich krank war.

4. April 1979
(Telefonanruf am Abend)

SEGHERS Du, horchemol, warte nicht, bring Renn meinen Glückwunsch morgen oder übermorgen, sobald es möglich ist. Warte nicht bis zum Geburtstag.

ROSCHER Aber das macht man doch nicht, jemandem vor dem bewussten Tag gratulieren.

SEGHERS Der Renn ist nit abergläubisch. Er kann schon vorher wissen, was ich ihm sagen möchte.

ROSCHER Ich zögere, wie du merkst.

SEGHERS Oder schick das als Brief, und schreibe dazu, dass ich das verbummelt habe.

ROSCHER Aber liebe Anna, das kann man nicht machen, da komme doch ich in eine urkomische Situation. Ludwig würde denken, ich oder die Redaktion hätte es versäumt, den Glückwunsch in die Zeitschrift zu bringen. Andererseits möchte ich nicht gern sagen, dass du es gewesen bist, die zu spät geliefert hat, wenn auch aus triftigem Grund, das würde die gute Sache entwerten. Lassen wir's doch so, wie wir es besprochen haben.

SEGHERS Ich hätt's aber so fürchterlich gerne, dass er das Blatt schon jetzt bekommt.

ROSCHER Der Ludwig ist nicht so hinfällig, dass man befürchten müsste, er erreicht seinen Geburtstag nicht.

SEGHERS Aber ich bin ganz schön wackelig.

ROSCHER Auch wenn ich dich jetzt enttäuschen muss, das möchte ich nicht tun. Ich werde zum Geburtstag zu ihm gehen und deinen Glückwunsch überreichen. Oder ich bringe dir das Schreiben zurück und du schickst es ihm selbst. Eine andere Möglichkeit sehe ich wirklich nicht.

SEGHERS Schade, aber dann mach es mal so, wie besprochen.

ROSCHER Bleibt es nun trotzdem bei unserem nächsten Termin?

SEGHERS Ruf mich vorsichtshalber morgens an, womöglich kommt noch was dazwischen.

Die Mutter Hedwig Reiling mit Anna (Netty)

Die Familie in Équihen/Nordfrankreich, 1933

6. April 1979

SEGHERS Mir ist etwas zugeschickt worden, das ich dir zu lesen geben möchte. Lies es aber nicht jetzt. In dem Manuskript vertritt jemand die Ansicht, dass aus dem, was ich geschrieben habe, vor allem ein Grundthema spreche: Der Mensch wird erst in dem Moment wirklich zerstörbar, in dem er isoliert ist. Der Gedanke ist nicht falsch, aber Isolation kann ganz verschieden sein, das muss man bedenken. Georg Heisler ist nur isoliert, weil er auf der Flucht ist, er muss Menschen meiden, obgleich er ganz besonders auf deren Hilfe angewiesen ist. Welch Widerspruch! Du hast mal – es liegt schon einige Zeit zurück – über ein ähnliches Problem aus deiner Schulerfahrung erzählt. Da hatte man einen interessanten Gedanken nicht als interessant erkannt und deinen Aufsatz nicht gut bewertet.

ROSCHER Aber interessant ist, dass Heisler durchkommt, weil es ihm gelingt, die Isolation immer wieder aufzubrechen. Außerdem ist er kraft seiner Überzeugung innerlich nicht isoliert. Spielt da nicht ein christlicher Aspekt eine Rolle, eine Art von Gläubigkeit zumindest?

SEGHERS Jahre nach dem Krieg begann mich zu beschäftigen, dass so viele Menschen während der Emigration nicht an materieller Not, sondern an Hoffnungslosigkeit kaputtgegangen sind. Aber um sich gegen die Hoffnungslosigkeit zu wehren, braucht man viel Kraft, die man gerade dann kaum aufbringen kann. Man könnte meinen, dass ich es auf der Flucht vor den Nazis besonders schwer hatte, weil ich mich um meine Kinder kümmern musste. Natürlich war's sehr schwer, aber meine Kinder haben mich auch vor Hoffnungslosigkeit bewahrt. Ich hatte durch sie Aufgaben, die ich täglich lösen musste. Wäre ich allein gewesen, hätte ich keine Verantwortung für andere gehabt. Kinder vor allem können einem, ohne dass sie sich dessen natürlich bewusst sind, ungeheuer viel Kraft und Hoffnung geben.

Aber nun horchemol: Ich hab doch die Erzählung »Die Tochter der Delegierten« geschrieben. Der Geschichte liegt ein wahrer Vorfall zugrunde. Das Mädchen gerät in eine komplizierte Lage und pendelt zwischen Hoffnung und Enttäuschung, es verbraucht so viel Energie, dass es schließlich kaum noch Kraft findet, Hoffnung zu schöpfen und zu bewahren. Aber nun kommt's: Neulich besuchte mich ein Mädchen, es war etwas älter als die Jozia in der Erzählung, und meinte, ihr gefalle diese Erzählung deswegen nicht, weil die Moral der Geschichte weniger aus dem Mädchen Jozia spreche, sondern mehr aus der Schriftstellerin, ich hätte der Figur die Moral gleichsam »umgehängt«. Ich habe die Erzählung daraufhin noch einmal gelesen und bemerkt, dass die Kritik berechtigt ist. Und es fiel mir noch etwas anderes auf: Mir kommt es so vor, als mangele es der Erzählung an unbekümmerter Leidenschaftlichkeit, die aber der Leser einer Geschichte spüren muss.

ROSCHER Ich meine, dass Leidenschaftlichkeit und Unbekümmertheit für alle Kunst wichtig sind. Ausgedachte Stoffe und Figuren ermangeln dieser Eigenschaften manchmal.

SEGHERS Guck mal in den Band »Auf dem Wege zur amerikanischen Botschaft«, er ist damals im Kiepenheuer-Verlag erschienen. Da ist das, was ich meine, ganz stark enthalten. Man muss auf beides beim Schreiben achten, auf Leidenschaftlichkeit und auch auf Unbekümmertheit.

ROSCHER Vielleicht nicht so sehr darauf achten, es muss ganz selbstverständlich in den Text einfließen, denke ich.

SEGHERS Ja, das ist's.

6. [?] *Juni 1980*

ROSCHER Gestern habe ich zum ersten Mal den amerikanischen Film »Das siebte Kreuz« mit Spencer Tracy gesehen. Er hat mich sehr beeindruckt, seltsamerweise aber doch emotional weniger berührt als die Handlung im Roman. Beim Lesen entstanden in mir deutlichere Bilder, ich wurde offenbar stärker erfasst.

SEGHERS Interessant, was du sagst. Wo fand denn die Filmaufführung statt?

ROSCHER Im DEFA-Studio hier in Berlin, es war aber keine öffentliche Vorführung, sondern eine von der Akademie der Künste organisierte, in Vorbereitung deines Geburtstages.

SEGHERS Ach so, ich weiß davon. Jetzt aber etwas ganz anderes. Ich will dir etwas sagen, das du so, aus dem Ärmel geworfen, nit verwenden kannst, man könnte es missverstehen wollen.

Der Begriff – oder die Berufsbezeichnung – *Parteiarbeiter* wird oft falsch verstanden, nein, nicht nur falsch verstanden, sondern auch falsch gebraucht. Der Begriff ist problematisch, weil er ein anderes Bild öffnet. Mit dem Begriff *Arbeiter* assoziieren doch viele Arbeit mit Werkzeugen manueller Tätigkeiten. Vielleicht wäre der Begriff zu hinterfragen, weil er zu eng assoziiert, wo doch gerade ein Einwirken auf die Gestaltung des Lebens gemeint wird, jedenfalls nicht auf formales Predigen von oben. Das heißt auch, dass ein Funktionär – nennen wir ihn jetzt ruhig mal so – von seiner gestaltenden Aufgabe überzeugt sein muss, aber er sollte sich nicht als Durchpeitscher von Direktiven verstehen, schon gar nicht als Dogmatiker, aber eben auch nicht nur als Briefträger missbrauchen lassen.

ROSCHER Allzu oft werden aber Beschlüsse zu Dogmen, das ist auch der Kunst abträglich.

SEGHERS Ja, das schadet vor allem der Partei und auch der Sache, die sie vertritt.

ROSCHER Das ist auch der Grund für meine Zurückhaltung, ich möchte mich nicht eingliedern lassen, obgleich mir ein mitgestaltendes Einmischen in gesellschaftliche Prozesse wichtig ist, eine Herzenssache.

SEGHERS Es braucht eines psychologischen Feingefühls. Wenn die Partei jedoch Hürden in den Weg stellt, über die dann auch die Parteiarbeiter springen müssen, wird das Berufsbild von vorneherein diskreditiert. Das Durchdrücken von Funktionärsvorstellungen kann nicht seine Aufgabe sein. *Kann man über alles schreiben?** Diese Frage hat schon einmal Christa Wolf beschäftigt, bevor sie ihre erste erzählerische Arbeit veröffentlicht hat. Natürlich kann man! Vorausgesetzt, dass man überhaupt schreiben kann im Sinne von Erzählen, das eben alles einschließen muss: Gutes wie Böses, Liebes und Unliebsames, auch Disziplin – alles, was das Leben bereithält: Menschenschicksale. Einem Künstler zu sagen, was seine Gestalten zu denken haben, führt zu nichts. Doch genau das versucht man immer wieder zu tun.

* Der Titel des Aufsatzes von Christa Wolf lautet »Kann man eigentlich über alles schreiben?« in NDL Heft 6/1958.

12. [?] Juni 1980

ROSCHER Wie verabredet: Ich möchte dich nach deinem Verhältnis zur Musik befragen, würde das Tonband jetzt laufen lassen. Zunächst hätte ich gern von dir gewusst, welche Komponisten du bevorzugst, welche Musik.

SEGHERS Jetzt wart mal, stell die Frage zur Musik zurück. Wir wollen noch einen Vortext besprechen. Es geht um das Manuskript von dem jungen Mann aus Mainz, sein Feature*.

ROSCHER Wir finden es gut, würden es gern drucken. Ich habe, wie du vorgeschlagen hast, einen knappen Vortext mit einem Zitat aus seinem Brief an dich entworfen und auch deinen Brief einbezogen. Mich beeindruckt die Haltung des Autors zu der ihm nahen Realität. Hier ist der Entwurf. Wenn du dem Autor schreibst, lege ihm bitte unseren Vorschlag bei, damit er nicht überrascht ist, wenn er den Text vorm Imprimatur zur Korrektur bekommt.

SEGHERS Ich bin einverstanden, kannst auch meinen Brief an dich mitdrucken. Mit Kommentaren jedoch sollten wir uns zurückhalten, wollen dem jungen Mann keinen Bärendienst erweisen. Du musst überhaupt wissen, dass ich einen Horror vor Dokumenten habe, die einen festlegen. Manches hat später, zu einer anderen Zeit, eine ganz andere als die beabsichtigte Wirkung. Wenn ich Sachen von mir lese, die ich früher geschrieben habe, möchte ich sie oft ändern. Das ist dann schwierig. Jemand hat mir mal den Vorwurf gemacht, ich würde gerne immer wieder korrigieren. Aber das ist ein unbegründeter

* »Westhofen – Osthofen oder Veränderung eines Denkens«, Feature von Peter Frey, veröffentlicht in der NDL, Heft 11/1980.

Vorwurf. Man muss doch jeden Satz prüfen, bevor man ihn wieder veröffentlicht. Da ist auch verständlich, dass man ändern, verbessern möchte.

Du fragtest mich neulich nach Korrekturen im »Weg durch den Februar«. Ich will dir die Antwort geben. Ich habe einiges für die Moskauer Ausgabe von 1937 oder 36 weggelassen*. Es hätte zu dieser Zeit unserer Einheitsfrontpolitik geschadet. Es konnte uns nicht daran gelegen sein, den Sozialdemokraten Fehler vorzuhalten, es ging darum, die Genossen der SPD, die unter den Faschisten auch hart zu leiden hatten, zur Aktionseinheit zu bringen – und vielleicht für die Zukunft etwas daraus zu gewinnen. Also war es berechtigt, dass mir die sowjetischen Verlagsfreunde Kürzungen vorschlugen.

ROSCHER Waren sie erheblich?

SEGHERS Jedenfalls keine Einbuße. Johannes R. Becher hat mir die Kürzungen damals plausibel begründet. Heute vergleichen Wissenschaftler gerne spätere Ausgaben mit frühen Drucken und freuen sich, wenn sie Abweichungen finden. Dann stellen sie Betrachtungen über die Gründe dafür an, die oft gar nicht stimmen, und schreiben lange Anmerkungen; manchmal möchten sie sogar, dass ich zurück korrigiere. Ich denke aber, dass ein Schriftsteller das Recht, wenn nicht die Pflicht hat, ein Buch vor einer Neuherausgabe kritisch durchzusehen und auch, wenn er's für notwendig hält, noch einmal daran zu arbeiten. Natürlich nicht vor jeder Neuauflage, aber wenn viel Zeit verstrichen ist, Jahrzehnte vergangen sind. Wenn er ein politisch verantwortungsbewusster Mensch ist, wird er über die Wirkung des Geschriebenen immer und immer

* »Der Weg durch den Februar« erschien 1935 sowohl in Moskau als auch in Paris.

wieder neu nachdenken. Und aus diesem Nachdenken erklären sich meistens auch Veränderungen. Ich möchte, dass die letzte Fassung eines Manuskripts oder eines Buches die gültige ist.

Aber jetzt bitte ich dich, die Ohren zu spitzen, ob's irgendwo klingelt; wenn's das Telefon ist, so laufe schnell hin, weil ich's mit dem Stock nicht kann. Und wenn's an der Türe ist, so mach auf oder drück den Summer, denn wir sind heute morgen alleine. Die Frau, die mir hilft, ist auf den Markt gegangen.

ROSCHER Gibt's denn hier noch einen Markt?

SEGHERS Ich sage immer noch so, meine aber die Kaufhalle am Markt. Einen richtigen Wochenmarkt mit Buden und Ständen gab's früher auch in Adlershof. Da ging ich gern hin, da konnte man schnüffeln und tratschen. Ich tratsch nämlich gern, musst du wissen.

Und auf dem Markt kannten mich alle. Ich fragte irgendjemanden irgendwas, und sie redeten und redeten. Ich mag's gern, wenn andere reden und ich nichts weiter dazu sagen muss. Ich habe mal eine kleine Geschichte* geschrieben, darin reden zwei Frauen und vergleichen Dinge hier mit Dingen in der Bundesrepublik, und immer sagen sie: bei uns ... bei euch, bei uns ... bei euch. Zu dieser Episode wurde ich auf dem Markt angeregt. Überhaupt lass ich mich gerne anregen. Zum Beispiel: Als ich im Krankenhaus war ... Duuu, jetzt pass mal acht, denn ich will dir was erzählen. Ich schreibe seit einiger Zeit an einer Erzählung, komme aber nicht weiter, sitze fest mit ihr. Sie spielt hier und in der Gegenwart. Ich möchte dir

* Gemeint ist »Drei Begegnungen« in: »Über Kunstwerk und Wirklichkeit«, Bd. III, hrsg. von Sigrid Bock, Akademie-Verlag, Berlin 1971.

mit Grund eine Episode aus dieser Geschichte erzählen. Also: Da ist einer, der hatte oft Pech im Leben, weil ihm vieles, was er verwirklichen wollte, nicht gelungen ist. Er ist, wie man so sagt, nicht so richtig hochgekommen oder man hat ihn nicht hochkommen lassen. Dabei ist er ein überaus lebenskluger und politisch denkender Mensch. – So, und nun sage mir, ehe ich weitererzähle, deine Meinung, ob ein solcher Mann auf einer Jugendweihe zu den jungen Menschen sprechen kann? Vielleicht als zusätzlicher Redner zu dem offiziellen, um den man schwerlich herumkommen wird.

ROSCHER Das wird vor allem von seiner Legitimation abhängen. Von sich aus kann der Mann wenig tun, es müsste ihn jemand vorschlagen und den Vorschlag überzeugend begründen.

SEGHERS Dann stell dir mal vor: Ein Junge von vielleicht dreizehn, vierzehn Jahren liegt aus irgendeinem Grund im Krankenhaus. Da tritt eines Sonnabends statt der gewohnten Reinemachfrau ein Mann ins Zimmer und macht sauber, ein nicht mehr junger Mann, der sonst in der Klinik eine andere Arbeit verrichtet. Für diesen Tag hat er sich zum Saubermachen verpflichtet, weil die Frauen des Krankenhauses oder der Station vielleicht auf einem Ausflug sind. Er macht … Wie nennt man das?

ROSCHER Aushilfsarbeit?

SEGHERS Ich meine den Begriff aus dem Russischen.

ROSCHER Subbotnik?

SEGHERS Ja, er hat sich zum Subbotnik verpflichtet. Nennen wir diese Episode zu unserem Verständnis so. Der kranke Junge erkennt oder meint zu erkennen, dass der Mann Interessantes zu erzählen hat. Und da wird in ihm der Wunsch wach, ihn als Redner für eine Jugendweihe vorzuschlagen.

ROSCHER Mir kommt das zu wenig motiviert vor, es wirkt konstruiert. Wichtig ist es, denke ich, den Wunsch des Jungen glaubwürdig zu machen, vielleicht dass er bei seiner eigenen Jugendweihe eine schlechte Erfahrung mit einem offiziellen Redner gemacht hat und dass er sich nun, etwa für die Jugendweihe seiner Schwester, mitverantwortlich fühlt. Aber wie kann der Junge zuständigen Leuten überzeugend klarmachen, dass er einen besseren Redner kennt als den Offiziellen, dessen Rede sicherlich nicht von innen kommt, und wie kann dieser beweisen, dass er besser ist? Vielleicht trägt folgende Überlegung: Ich könnte mir vorstellen, dass der Junge von seiner Schulzeit her eine gute Beziehung zum Klassenleiter seiner Schwester hat. Da müsste er aber etwas älter als vierzehn sein, mindestens sechzehn, siebzehn. Aber so recht überzeugt mich das ganze nicht, entschuldige.

SEGHERS Vielleicht ist es nützlich, einmal jemanden zu befragen, der selbst in diesem Alter ist. Deine Tochter Katrin? Ob sie am Sonnabend zu mir kommen kann, gegen vier? Ich mache Kakao? Meine Enkelin Anne wird auch da sein. Frag mal deine Tochter, ob sie Zeit hat, sag ihr aber nit, worum es geht, ich möchte die Geschichte selbst erzählen, um ihre Meinung unvoreingenommen zu hören.

ROSCHER Es wird sicherlich möglich sein. Sie wird dir heute Abend telefonisch Bescheid geben. – Jetzt aber endlich zum Thema Musik!

SEGHERS Du hattest eine Frage.

ROSCHER Mehrere. Ich möchte dich gerne – wie damals zu bildender Kunst – zu deinem Verhältnis zur Musik befragen? Ich wüsste gern: Welche Musik, welche Komponisten du mit Vorliebe hörst?

SEGHERS Ich könnte dir Lieder nennen, Musikstücke, die ich gern höre, aber ich weiß mich in der Musik gar nicht auszudrücken. Ich habe mich mit Musikfragen nie richtig beschäftigt. Das ist ein Mangel.

ROSCHER Aber über Paul Dessau hast du doch geschrieben.

SEGHERS Weil ich ihn gern mochte.

ROSCHER Über seine Musik hast du nicht mit ihm gesprochen?

SEGHERS Nein, über Musik kann ich nichts sagen, da musst du das Tonband nicht anknipsen.

ROSCHER Es lief noch.

SEGHERS O je. Da ist aber nur Quassel drauf.

14. Juni 1980

SEGHERS Manchmal, wenn ich diktiere, halte ich den Stein von dir in der Hand, und auch sonst liegt er neben mir, ich meine das Steinbeil, das du mir geschenkt hast. Oft denke ich darüber nach, wer es vor Zeiten in der Hand gehalten haben mag und was er damit gearbeitet hat. Ich fange dann gleich zu spinnen an. – Ich möchte gerne wieder mal in eine Ausstellung gehen, in der solche Geräte und Werkzeuge gezeigt werden, kann aber nicht lange stehen.

ROSCHER Zum Beispiel im Märkischen Museum kannst du einiges sehen, was man hier in Berlin und im Umland gefunden hat, sehr beeindruckend. Ich kenne Dr. Heinz Seyer, den Leiter der Forschungsstelle für Bodendenkmäler, einen versierten Mann, der dir sicherlich behilflich sein würde. Wenn du nicht allein hingehen möchtest, begleite ich dich gerne, das ist keine Frage. Und weshalb sollte man nicht zwischendurch für dich

ANNA SEGHERS

Wer auf Menschen einwirken will, muss von den Menschen, an die er sich wendet, verstanden werden. Es gibt keinen Befehl in der Kunst: Du musst mich verstehen. Ich muss als Künstler die Mittel finden, um mich verständlich zu machen.

Anna Seghers

Das Zitat entstammt einer Diskussionsrede zur Vorbereitung des IV. Deutschen Schriftstellerkongresses 1956 (»Beiträge zur deutschen Gegenwartsliteratur«, herausgegeben vom Deutschen Schriftstellerverband, Heft 6/1956). Das Faksimile zeigte die NDL in Heft 11/1980 zum 80. Geburtstag der Autorin.

80. Geburtstag, 19. November 1980

einen Stuhl bereithalten können? Dem Museum wäre dein Besuch eine besondere Ehre, glaub mir.

SEGHERS Es geht aber nit, ich kann weder weit gehen noch lange stehen. Und dann mit dem Stock!

ROSCHER Wie gesagt, du könntest dich zwischendurch bestimmt ausruhen.

SEGHERS Nein, das möchte ich nit. – Eine Orozco-Ausstellung soll gerade sein, die möchte ich ebenfalls fürchterlich gern sehen. Das ist aber auch nicht zu machen. Dabei reißen mich interessante Ausstellungen sonst immer hoch.

Weißt du, was mir mit Christa Wolf passiert ist? Vor Jahren schleppte ich sie mal ins Museum. Es ging ihr nicht gut, sie war nach den Auseinandersetzungen auf dem 11. Plenum fürchterlich am Boden. Da wollte ich sie aufrichten, aber es geschah das Gegenteil; schließlich und endlich war sie noch tiefer unten als vorher. Ich hab das gar nicht verstehen können.

ROSCHER Aber nachfühlen kann man es schon.

SEGHERS Ja, nachfühlen wohl.

ROSCHER Aber nun habe ich noch einen Wunsch: Ich möchte dich um eine handschriftliche Äußerung bitten, um ein selbstgewähltes Zitat aus einem deiner Bücher oder aus einem Essay – nur ein paar Zeilen, höchstens eine Seite. Am liebsten wäre mir, du würdest spontan reagieren und gleich hier etwas greifen, das wäre sehr reizvoll.

SEGHERS Wozu möchtest du das denn?

ROSCHER Ein Grund wird mir einfallen.

14. April 1981

SEGHERS Du hast Fragen zu Franz Weiskopf, sagtest du. Was denn für welche?

ROSCHER Ich stieß neulich im Archiv der Akademie der Künste auf Briefe von dir an Franz und auf Briefkopien von Franz an dich, aus denen nicht nur eine große Not während deiner Zeit in Mexiko, sondern auch eine immense Hilfsbereitschaft von Franz spricht, dich, deine Familie und dein Werk zu retten und zu unterstützen. Aber gegen Ende 1941 hat es zwischen euch eine arge Auseinandersetzung gegeben, die nicht leicht aus der Welt zu schaffen gewesen war, denn ein Jahr später kommt es erneut zu einer Verstimmung. Die Briefe bekommen fortan für einige Zeit auch eine andere Stimmlage, und die Briefabstände werden länger, obgleich die Weiskopfs dir offenbar weiter geholfen haben.

SEGHERS Ich kann mich nit im allergeringsten erinnern. Was steht denn in den Briefen?

ROSCHER Im einzelnen kann ich sie nicht rekapitulieren, in toto handelt es sich um ein authentisches Spiegelbild fortgesetzter Bedrohung und schwierigen Lebens einer Familie auf der Flucht und im Exil. Es gab – so wird deutlich – eine schwierige, aus der Not geborene Auseinandersetzung mit deinem Freund und Nothelfer F.C. Weiskopf. Vielleicht liest du den Briefwechsel noch einmal, du kannst sicherlich Kopien erbitten. Ich hatte die Briefe nach Franzens Tod nur kurz in der Hand, weil Grete Weiskopf mich mit der Sichtung des Nachlasses und der Überführung des Schriftguts in das Archiv der Akademie der Künste betraut hatte. Da ging es dann vor allem um ein Auflisten des Vorhandenen und um das Herstellen eines Findbuchs gemeinsam mit jungen

Kollegen der Akademie. Grete Weiskopf wollte ich aus Gründen der Diskretion nicht befragen, da war Franzens plötzlicher Tod, der sie so schrecklich zu Boden geworfen hatte, noch zu frisch. Jetzt, da sie auch nicht mehr lebt, möchte ich gern etwas von dir hören. Mir kamen unlängst die Dokumente wieder in die Hand, als ich nach dem Briefwechsel zwischen Heinrich Mann und Weiskopf suchte, den wir komplett drucken wollen*, ein beeindruckendes Zeugnis eines kollegialen Arbeitsverhältnisses in Zeiten großer Bedrängnis. Weiskopf war vermutlich der erste, der Heinrich Mann unmissverständlich Kritisches zu seinem »Lidice«-Roman gesagt hat – mit freundschaftlicher Aufrichtigkeit und verehrendem Anstand, der alle Verletzungen ausschloss! Es ist auch ein Beispiel für Kollegenkritik, die heute leider aus der Mode gekommen ist.

SEGHERS Diese Briefe würden mich sehr interessieren.

ROSCHER Hab bitte etwas Geduld! Zu einem Abdruck wird's kaum vor Jahresende oder zu Anfang nächsten Jahres kommen. Vielleicht kann ich dir vorher mal einen Durchschlag der Abschrift mitbringen. Ich denke, dass man einen solchen Abdruck eines thematisch in sich geschlossenen Schriftwechsels auch für deinen Briefwechsel mit Franz Weiskopf bedenken könnte. Das wäre sinnvoll, vielleicht sogar zwingend, um Fehlinterpretation auszuschließen: Wir *wissen*, Spätere *vermuten*.

SEGHERS Aber ich kann mich wirklich nit entsinnen, nit im geringsten. Vielleicht war's nur ein Missverständnis? Ich war Franz immer dankbar verbunden, wir mochten uns, ihm verdanke ich, dass »Das siebte Kreuz« in den Staaten erschienen ist, auch stellte er eine Verbindung

* Veröffentlicht in Heft 11/1982 der NDL.

mit einem Verlag her, propagierte das Buch, beschaffte Geld. An einen Krach kann ich mich wirklich nicht entsinnen. Wie komme ich an die Briefe, um sie ansehen zu können?

ROSCHER Das ist kein Problem. Du müsstest deinen Wunsch nur im Archiv kundgeben. Optimaler wäre für dich, wenn du dir Fotokopien anfertigen ließest, die du zu Hause lesen könntest. Das wäre in diesem Fall wohl auch kein Problem

SEGHERS Ich habe aber zunächst gar keine Zeit dafür und keine Lust dazu. Lass mich also noch eine Weile nachdenken.

27. August 1981

SEGHERS Nun sage ich dir, was du schon lange wissen willst. Ich weiß jetzt, was damals zwischen mir und Franz Weiskopf vorgefallen war.

Wie schon erzählt und wie du weißt: Ich hatte in Mexiko einen schlimmen Unfall, wurde von einem Auto umgefahren. Freundliche Leute brachten mich in eine Klinik. Dort lag ich lange ohnmächtig. Und als ich aus dem Dunkel trat, wollte ich niemanden sehen und nichts hören. Sobald es ging, bat ich eine Frau, eine amerikanische Quäkerin, mir zu helfen, wenigstens allernotwendigste schriftliche Sachen zu erledigen. Ich sagte ihr, sie solle diesem und jenem mitteilen, was mit mir geschehen ist. Die Frau schrieb englisch, das war wichtig, denn mein schriftliches Englisch war nicht gut. Du musst wissen, dass ich damals fast so schlimm dran war wie jetzt. Aber damals war ich jung. Diesmal war meine Freundin Steffie Spira, die Schauspielerin, bei mir, als ich ins Krankenhaus gebracht werden musste, damals war ich mutterseelenallein und auf freundliche Menschen angewiesen.

ROSCHER Wo war dein Mann?

SEGHERS Mit Vorträgen unterwegs und nicht zu erreichen. Keiner wusste, zu wem ich gehörte. Kurzum: Die Quäkerin muss also auch an Franz Weiskopf einen Brief geschrieben haben, und der muss ihn falsch verstanden haben oder überhaupt nit, weil er nicht ahnen konnte, wie schlimm es mir ging.

ROSCHER Das Missverständnis scheint aber doch nachhaltiger gewesen zu sein, denn in einem Brief versuchst du zu erklären, weshalb du in irgendeiner Sache nicht aktiv werden konntest. Die Vorwürfe Weiskopfs müssen dich so getroffen haben, dass du damals, in Frankreich, lieber kaputtgegangen sein wolltest.

SEGHERS Wahrscheinlich hat mir Weiskopf ein Nichtreagieren als Undankbarkeit oder als Unzuverlässigkeit ausgelegt. Er war immer aktiv, um anderen zu helfen, und er hat alle, denen er geholfen hat, dann wieder mit eingespannt, um wiederum anderen helfen zu können. Ich vermute, dass ich einmal aus einem Grund nicht reagieren oder helfen konnte, oder ich war nachlässig, unverzeihlich. Ich war nämlich manchmal nachlässig, aber nit mit böser Absicht! Ich halte es für möglich, dass ich Franz Weiskopf gegenüber Schuldner geblieben bin. Aber du musst wissen, dass wir, Franz und ich, nie Krach gehabt haben, schon gar nicht politischen. In grundsätzlichen Fragen waren wir nie unterschiedlicher Meinung.

29. August 1981
(Krankenhaus; Berlin, Scharnhorststraße)

SEGHERS Grüß Gott, tritt ein, ich hab schon auf dich gewartet. Du hattest gesagt, du kämst am Nachmittag.

ROSCHER Es ist doch Nachmittag, Spätnachmittag.

SEGHERS Oder Frühabend. – Ich wollte dich bitten, mir noch mal die Tischgespräche mit Luther mitzubringen. Den Herausgeber, Reinhard Buchwald, kannte ich ganz gut.

ROSCHER Mir hat er über meine Lehrerin, die bei ihm studiert hat, die Vermittlung zu einem Studium in Heidelberg angeboten, was ich aus finanziellen Gründen nicht annehmen konnte. Als Mutmacher schickte er mir seinen Führer durch den »Faust«, die während des Krieges bei Kröner erschienen war. – Die Luthergespräche hole ich aus der Bibliothek zurück.

SEGHERS Nit extra, ich hab schon so viele Bücher hier. Ich lese gerade was über Calvin. Man vermutet es kaum, dass er ein schrecklicher Kerl gewesen sein muss, der hat Menschen bei wachem Bewusstsein verbrennen lassen. Und solche Mistkäfer wachsen immer wieder nach. Damit ich es nicht vergesse: Bring mir lieber Reproduktionen von Bildern einer hier lebenden spanischen Malerin mit. Sie möchte etwas von mir illustrieren. Wie heißt sie doch?

ROSCHER Vermutlich meinst du Nuria Quevedo, eine interessante Künstlerin. Sie verwendet helle Farben sparsam, aber das beschreibt nur einen äußeren Eindruck; viele ihrer Bilder sind von der *Farbe* Schwarz dominiert, man kann Symbolik darin sehen.

SEGHERS Dann bring lieber keine Reproduktionen mit, es könnte mich so ein Eindruck womöglich bedrücken.

Titelzeichnung der ersten Nachkriegsausgabe im Keppler-Verlag, Baden-Baden, 1947. Der Urheber der Titelzeichnung ist im Buch nicht verzeichnet. Als Einbandgestalter wird Eugen Bargatzky genannt.

Ich bin jetzt in keiner allzu guten Verfassung, habe manchmal ganz unverständliche Alpträume, aber auch verständliche. Stell dir vor, neulich hatte ich einen Wachtraum. Der Hager* trat durch den Spiegel in mein Zimmer, und ich lag wehrlos im Bett!

ROSCHER Durch welchen Spiegel? Hier ist kein Spiegel. Und wieso wehrlos? Was sollte Hager dir denn anhaben wollen?

SEGHERS Kein Spiegel, kein Hager. Vielleicht war er durch die Wand gekommen wie Rühmann: »Ein Mann geht durch die Wand«. Manche Leute gehen oder sehen durch die Wand. Man denkt, man ist verdreht, dabei ist die Wirklichkeit so verdreht.

Aber jetzt setz dich noch mal. Du hattest mir das Büchlein mit Meißners Erinnerungen an Heine** geliehen. Es hat mich – wie schon die Titelzeichnung des Buches – ungemein erregt, wie der unsägliche Raffzahn an Heines Matratzengruft mit seinem Reibach im Showgeschäft prahlt, schrecklich! Ein Segen, dass bei uns solchen Typen die Hände gebunden sind. Kein Zweifel: Das Authentische ist ein Meister. Ich habe danach wieder die »Wanderratten« gelesen, eine Satire, heute gültiger denn je. Wenn nicht die umfassende Sozialisierung der Welt gelingt, die Aufhebung der Kluft zwischen bettelarm und stinkreich, werden die in Existenznot vegetierenden Millionen und aber Millionen »wandern viel tausend Meilen, ganz ohne Rasten und Weilen«, werden

* Kurt Hager, Mitglied des Politbüros der SED, Mitglied des Staatsrates der DDR, Leiter der Ideologischen Kommission.

** Alfred Meißner (1822–1885), österreichisch-böhmischer Arzt, Dichter und Schriftsteller sozialistischer Gesinnung. Erstdruck seiner Erinnerungen an Heinrich Heine 1856 in der Zeitschrift »Die Gartenlaube«.

ihre Rechte einfordern, wenn ihnen klar wird, dass sie nicht Produkt einer gottgegebenen Situation sind, sondern menschenverachtender Kolonialpolitik, die auch physische Vernichtung einkalkuliert. Zunder für einen weltumfassenden Brand.

ROSCHER Nicht zufällig erschwert man Unterprivilegierten den Zugang zur Bildung, obgleich sie zum Teil in Ländern leben, denen wir die Basis unserer sogenannten Zivilisation verdanken, naturwissenschaftliche Grundlagen zur Mathematik, Physik und so weiter.

SEGHERS Qu'est-ce que la propriété? – was ist Eigentum?, fragte, nein sagte entschieden Pierre Proudhon. Und die Zeit drängt. Thomas Mann hat damals in Weimar gewarnt, dass die Welt ohne eine Verbesserung ihres gesellschaftlichen Zustandes ihrem schon nicht mehr ungewollten Untergang entgegen taumeln wird.* Vermutlich wird er recht bekommen.

ROSCHER Doch würde es wohl kein astrophysikalisches Verglühen sein.

SEGHERS Der Begriff *Weltkrieg* bekäme dann seine volle Bedeutung.

*In Thomas Manns Weimarer Schiller-Rede (1955) heißt es mit Berufung auf die Klage der Ceres im »Eleusischen Fest«: »Ohne Gehör für einen Aufruf zum stillen Bau besserer Begriffe, reinerer Grundsätze, edlerer Sitten, von dem zuletzt alle Verbesserung des gesellschaftlichen Zustandes abhängt, taumelt eine von Verdummung trunkene, verwahrloste Menschheit unterm Ausschreien technischer und sportlicher Sensationsrekorde ihrem schon gar nicht mehr ungewollten Untergange entgegen.«

Anna Seghers im Gespräch mit Thomas Mann, Weimar 1955

29. Juni 1982

(Pflegeheim »Clara Zetkin«; Berlin, Werlseestraße. Gespräch in Anwesenheit der Sekretärin)

SEGHERS Ich bin hier, weil ich in Adlershof die Treppen nicht mehr steigen kann. Da brauchte ich einen Stuhllift. Als ich vor Jahren in Paris Louis Aragon besuchte, bin ich mit so einem Gerät in die Höhe gerutscht, damals zu meinem Vergnügen. Nun bin ich hier, wie du sehen kannst, aber nicht zu meinem Vergnügen. Bissel langweilig ist's schon. Ich komm kaum zum Schreiben, weil ich meine Sachen vermisse. Kann höchstens Briefe diktieren und zum Beispiel in der NDL lesen. Und ich finde darin immer Anregendes und mich Interessierendes, wie unlängst ein kluges Feuilleton über ein Buch, das von Fallada handelt. Das Buch habe ich nit gelesen, aber die Besprechung hat mir ausnehmend gut gefallen, weil sie eine eingängliche Betrachtung ist, die einen deutlichen Eindruck vermittelt. Solche Beiträge findet man selten, sie tendieren ja auch zum Feuilleton. Wie heißt doch der Autor?

ROSCHER Klaus Bellin, er ist Mitarbeiter beim Rundfunk, der Autor des Buches über Fallada ist Werner Liersch. Bellin möchten wir gerne fester an die Zeitschrift binden. Schreib bitte deine Einschätzung dem Kollegium und vor allem dem Chefredakteur.

SEGHERS Erraten, ich habe gestern Frau Hildebrand einen Brief diktiert und die Redaktion ermuntert, ihre Arbeit in dieser Richtung* zu verstärken.

ROSCHER Frau Hildebrand, bitte schicken Sie den Brief möglichst bald ab, er ist wichtig und könnte nützlich

* Bezug auf die Besprechung des Buches »Hans Fallada. Sein großes kleines Leben« in NDL 5/1982.

sein. Wir bemühen uns seit langem, in dieser Hinsicht zu wirken.

SEGHERS Sie kann ihn dir sofort aus dem Stenogramm vorlesen. Literaturjournalismus solcherart wird bei uns zu wenig gepflegt. Man setzt unsinnig auf Postulate ...

ROSCHER .... die meistens nicht förderlich sind. Leider wird auch weder in Schulen noch an Universitäten auf verständliches und überzeugendes Schreiben geachtet ...

SEGHERS ... und zu wenig auf selbständiges Denken. Das war schon früher so. Pädagogen achten zu wenig darauf, über welche persönlichen Ausdrucksmöglichkeiten ihre Schüler verfügen. Ich hatte zu meinem Glück eine Lehrerin, Magdalena Herrmann heißt sie, die in uns Schülerinnen schlummernde Fähigkeiten des Ausdrucks zu erkennen und zu fördern verstand. Dadurch wirkte sie prägend.

HILDEBRAND Mit Frau Herrmann korrespondiert Frau Seghers noch heute.

ROSCHER Sie muss doch steinalt sein.

SEGHERS Steinsteinalt.

HILDEBRAND 95 Jahre und blind, sie diktiert alles.

SEGHERS Gleich nach meiner Rückkehr aus Mexiko habe ich sie besucht. Sie wohnte noch in dem gleichen Haus wie früher, in derselben Straße, in der auch die Wohnung meiner Eltern war, in der Kaiserstraße. Nur während des Krieges ist sie für kurze Zeit aus der Stadt gegangen. Aber als sie die Glocken des Domes hörte, bekam sie Sehnsucht, packte ihre Sachen und kehrte in die Kaiserstraße zurück. Sie wohnte mit ihrer Schwester zusammen, verheiratet war sie nie. – Einmal, es ist viele Jahre her, trug sie sich mit dem Gedanken, mir etwas zu schenken, aber sie wußte nicht, was. Da riet ihre Schwester zu einem Buch, und zwar zu einem, das ihr selbst besonders wichtig ist. Also schenkte sie mir ein Werk über Jugenderziehung. Es stammte von Romano Guardini*.

ROSCHER Und konntest du etwas mit diesem Buch anfangen?

SEGHERS Es hat meinen entschiedenen Widerspruch aktiviert, und zugleich hat es mich interessiert. – Aber wie kamen wir darauf? Ach ja, weil es das Geschenk einer guten, einer klugen Lehrerin war.

17. Juli 1982

(Pflegeheim; Berlin, Werlseestraße)

Anna Seghers hatte mich am Tag zuvor zu Hause und in der Redaktion vergebens zu erreichen versucht und die Bitte hinterlassen, dass ich »möglichst bald, aber auch nicht übermäßig schnell« zu ihr kommen und das Tonbandgerät mitbringen möchte.

In Sorge hatte ich zunächst die Tochter Ruth Radvanyi angerufen und von ihr erfahren, dass ihre Mutter »nicht mehr ganz sie selbst sei und man darum wenig von ihr erwarten« könne. Der folgende, von Pausen längeren Nachdenkens und Abwägens, auch des Begriffssuchens verzögerte Dialog wurde von der Mittags- und Ruhepause unterbrochen. Ich war überrascht, mit welch großer Beharrlichkeit die Autorin einen Vorgang rekapitulierte, den sie eigentlich, wie sie gesagt hatte, lieber »ungeschrieben gemacht« haben wollte.

* In der katholischen Jugendbewegung sich engagierender deutscher Religionsphilosoph (1885–1968); zahlreiche Publikationen u.a. über Pascal, Hölderlin, Dostojewski; 1952 Friedenspreis des Deutschen Buchhandels.

SEGHERS Ich hab dich angerufen, dir aber auch geschrieben, weil ich dich nicht erreichen konnte. Ich möchte dir etwas erzählen. Hier am Rande, kann man wenig machen. Ich komm kaum raus, kann auch kaum arbeiten. Aber nachdenken kann ich. Ich denke jetzt über vieles nach, kritzel auch vor mich hin. Meine Frau Hildebrand kommt zum Glück alle paar Tage. Aber nun horch mal gut her.

Sie bedeutete mit einer Geste, das Kassettengerät, das ich abseits auf den Tisch gelegt, aber nicht zum Laufen gebracht hatte, heranzuziehen.

Oft hast du mich nach der Sache mit Franz Weiskopf gefragt. Immer wolltest du etwas wissen, was ich nit erklären konnte. Wie rasend ging mir so manches durch den Kopf. Aber jetzt will ich die Antwort geben, weil ich mich genau zu erinnern meine.

ROSCHER Lassen wir das Gerät jetzt laufen, oder sollte ich es bei Notizen belassen?

SEGHERS Vielleicht zunächst nur Notizen, kannst dann alles zusammenfassen. Schreib's auf Kisch! – Nein, lass das Band mal laufen.

Zuerst solltest du wissen, dass ich zunächst nicht wußte, was du meinst. Dann wußte ich nicht, was damals geschehen war. Doch nach und nach kam 's in mein Gedächtnis zurück. Wie rasend ging es mir immerfort durch den Kopf, und ich fing an, wie eine Verrückte in meinem Hirn zu bohren. Ich hätte die Briefe am liebsten ungeschrieben gemacht. Kannst du das verstehen? Noch mal lesen will ich sie aber nit.

ROSCHER Bedrängen wollte ich dich, liebe Anna, natürlich auch nicht. Jetzt bereue ich es, dich vielleicht belästigt zu haben. Ich hatte in die Briefe nach Weiskopfs Tod nur flüchtig hineingelesen, dabei ihre Bedeutung und Brisanz gespürt und auch mit Grete Weiskopf darüber gesprochen. Eine Gelegenheit, mit ihr über ihren Inhalt zu sprechen, ergab sich nicht. Um so mehr schien es mir wichtig, von dir etwas zu erfahren, um Fehlinterpretationen vorzubeugen. Die Briefe sind beeindruckende persönliche und historische Zeugnisse. Das ist klar. Deswegen meine ich, dass es gut wäre, sie zu drucken, ausnahmslos, aber kommentiert – eventuell mit einem dazugestellten Gespräch. Das schiene mir eine Möglichkeit zu sein.

SEGHERS Ich wollte dich nicht absichtsvoll hinhalten. Ich wollte aber auch deinem Vorschlag nicht folgen, mich mit den Vorgängen wieder auseinanderzusetzen. Jetzt weiß ich genau, was geschehen war; ich konnte mich nit im Allergeringsten entsinnen – oder wollte es vergessen haben oder manche Briefe nicht geschrieben haben. Stell dir mal vor, es war eine schlimme Zeit für uns, in Europa festzusitzen, auf Long Island von der Einreisebehörde schikaniert zu werden und nicht vom Schiff zu dürfen, in Mexiko zunächst ohne Existenzgrundlage leben zu müssen. Bevor mein Roman herauskam und als Book-of-the-Month herausgestellt wurde, hatten wir kein Geld, und danach auch nur herzlich wenig, obgleich Franz Weiskopf denken musste, wir hätten welches. Dann drückten uns Schulden, Rodi hatte kaum Einnahmen, für die Kinder musste Schulgeld bezahlt werden. Zwischendurch verdingte sich unser Sohn Peter bei einem Tischler, um wenigstens ein paar bescheidene Möbelstücke für uns bauen zu können. Ich wusste niemanden, den ich hätte direkt um Hilfe bitten können – außer Franz Weiskopf, der in der League of Writers tätig war, Verleger kannte und für Zeitungen und Zeitschriften schrieb. Viele unserer Freunde waren nicht erreichbar, lebten in der Sowjetunion oder in den Staaten und waren meistens selbst in Not.

ROSCHER Weiskopf hat auch bewirkt, dass das Manuskript vom »Siebten Kreuz« zu Maxim Lieber, dem Literaturagenten und Verleger, gelangt ist. Dann gab's wohl auch noch Schwierigkeiten mit dem Übersetzer, da hat sich wiederum Franz dahintergeklemmt. Und als der Roman erschienen war, hat er viel getan, um ihn zu popularisieren, hat über ihn gesprochen, hat Rezensionen geschrieben. Da kam es mir so vor, als seist du ihm doch Dank schuldig geblieben, hättest ihn manchmal regelrecht – natürlich in existentieller Not – zu sehr mit Forderungen bedrängt.

SEGHERS Was tut man nicht alles in Not. Ich halte es für möglich, den lieben Segestêtes Dank schuldig geblieben zu sein, sie waren zuverlässige Freunde, die ich immer und immer wieder flehentlich um Hilfe bitten musste, sie vielleicht auch ungeduldig bedrängt habe. Und ich war sicherlich nicht die Einzige, sie haben auch anderen geholfen oder Hilfe angeboten, Heinrich Mann zum Beispiel. Grete Weiskopf schickte mir einmal einen Mantel, den ich dringend brauchte. Und doch kam es eines Tages zu dem bitterbösen Brief, in dem Franz mir vorwarf, zu den Leuten zu gehören, die nur Briefe schreiben, wenn sie etwas brauchen.

ROSCHER War es denn nicht berechtigt? Du fragst, wenn ich es richtig im Kopf habe, in keinem Brief nach Weiskopfs literarischer Arbeit und nach seinem Ergehen.

SEGHERS Aus Franzens Sicht scheint es berechtigt gewesen zu sein. Es gab aber auch immer Leute, die »Falschrapports« streuten, da konnte man leicht ins Gerede kommen, und vielleicht war auch Franz etwas zu Ohren gekommen, was nicht stimmte. Als der Zorn aus ihm herausbrach, sah ich unsere Freundschaft zerstört, sah ich mein Leben gefährdet – allerdings nicht, weil Franz mir einen Vorwurf gemacht hatte. Seine Ehrlichkeit gebot ja, mir seine Wahrheit unverblümt zu sagen; ich verstand seine Kritik als ehrlich und wahrhaftig, aber ich empfand seine persönlichen Vorwürfe so ungerecht wie meine Not.

ROSCHER Aber kränken wollte er dich bestimmt auch nicht.

SEGHERS Sicherlich nicht, ich hab ihm nichts übel genommen, sondern ihm später auch geholfen. Aber das ist ja eine andere Geschichte.

ROSCHER Du sagtest einmal, dass alles ein Missverständnis gewesen sei, ausgelöst durch das Ungeschick einer Quäkerin, die dir bei der Korrespondenz geholfen habe.

SEGHERS Das glaubte ich, sie muss wohl auch an Franz einen sachlich-kalten Brief geschrieben haben. Aber der Vorfall hatte den Grund, den ich dir eben gesagt habe. Du musst wissen, dass zwischen den Weisköpfen und uns bis zuletzt Freundschaft bestand, auch nach der Übersiedlung von Grete und Franz nach Berlin.

ROSCHER Überdies scheint der Verleger saumselig gewesen zu sein – nicht nur mit dem Honorieren, sondern zum Beispiel auch mit dem Verschicken deines Romans an die Presse und an einen Filmagenten in Hollywood, so meine ich es gelesen zu haben.

SEGHERS Er saß warm und trocken. Dabei war er gutwillig, doch er konnte auch nicht gegen die Gesetze verstoßen. Es gab in Amerika Vorschriften gegenüber Ausländern aus kriegführenden Ländern. Franz fürchtete, dass ich Maxim Lieber womöglich verärgert haben könnte.

ROSCHER Allerdings, liebe Anna, berührte es mich, dass du in einem Brief an Franz mitteilst, dass dir das Schreiben von Briefen ohne triftigen Grund ein Luxus sei. Es klingt sogar an, dass du den Weisköpfen ein paar Urlaubstage missgönnst, weil du dir noch nicht einmal ein bescheidenes Weekend leisten könntest. Das musste Franz doch kränken, denn letztlich handelte es sich, wie wir Weiskopf kennen, auch um Arbeitsurlaube. Damals schrieb er meines Wissens schon an der Fortsetzung seines Romans »Abschied vom Frieden«. Vor allem vermisste er wohl dein persönliches Interesse an seiner Arbeit als Schriftsteller überhaupt, zu der ihm in der Zerrissenheit kaum Zeit blieb.

SEGHERS Ich habe in Mexiko auch viel gemacht, das konnte er nicht wissen ...

ROSCHER ... eben weil du es ihm nicht mitgeteilt hast, scheint mir, es mangelte an deinem Teil des wechselseitigen Interesses.

SEGHERS Ich habe mich dann auch hingesetzt und einen Aufsatz über unsere Arbeit in Mexiko geschrieben und über den Heinrich-Heine-Klub*.

ROSCHER Aber er meinte vermutlich, so kam's jedenfalls raus, ein Moment der Herzlichkeit, ihm gegenüber, bitte entschuldige. Denn bei Franz gab's sogar – verwunderlich, da ich ihn als sehr konziliant kannte – einen regelrechten Zornausbruch. Und wenn man nicht wüsste, dass er selbst aus dem deutsch-jüdischen Prager Bürgertum stammte, könnte man sogar zu einer absurden Vermutung kommen.

* Gemeint ist vermutlich der Aufsatz »Aufgaben der Kunst« in der Zeitung »Freies Deutschland«, Heft 12, 1943/44; in Anna Seghers »Über Kunstwerk und Wirklichkeit«, Bd. 1, Akademie-Verlag, Berlin. 1970.

SEGHERS Antisemitismus war Franz Weiskopf ganz und gar fremd. Weiskopf hatte mit dieser schrecklichen Seuche nichts zu tun, außer dass auch er unter ihr zu leiden hatte. Aber ich will, nein: ich muss dir sagen, dass Franz Weiskopf manchmal etwas generös Förderndes ausstellte. Und das war es sicherlich, das mich in der schwierigen Zeit meines Lebens gestört hat. Aber er hat's ja nit bös gemeint, er hat wirklich sehr, sehr viel getan, hörst du, diesen Widerspruch musst du verstehen, das ist sehr wichtig. Und später, in der Zeit der »Säuberungen« in Prag, hab ich mich bei Walter Ulbricht für eine schnelle Übersiedelung von Grete und Franz Weiskopf nach Berlin eingesetzt. Es wäre mir recht, wenn du eine Gelegenheit fändest, dies im Zusammenhang deutlich zu machen, weil ich die Kraft dazu nicht habe. Zunächst aber möchte ich so fürchterlich gerne, dass du das richtig siehst und dass du das verstehst. Ich möchte wahrlich nit gerne, dass man den Briefwechsel ganz und gar falsch liest. Dass ich Franz in der besprochenen Hinsicht etwas schuldig geblieben bin, stimmt vermutlich, stimmt mich aber nit hoch. Das verstehst du?

ROSCHER Deswegen wäre es vielleicht doch richtig, die Briefe schon jetzt zu drucken – kommentiert. Wir könnten doch daran arbeiten, es vorbereiten. Vielleicht wäre Christa Wolf zur Mitarbeit zu gewinnen, auch sie kannte die Weiskopfs gut.

SEGHERS Das würde ich wünschen, weil alle Texte, bevor man sie öffentlich macht, verantwortungsbewusst durchgesehen werden müssen. Einige Passagen in einer Zeitung oder Zeitschrift zu veröffentlichen, ist etwas anderes ist als ein Buch zu verantworten. Da könnte dir Christa Wolf wichtig sein, sie kennt mich gut, und du kennst mich gut. Ich möchte mich mit den Briefen nit befassen. Du weißt, wie sie zu bewerten sind, ich verlass mich auf dich.

Während des anstrengenden Gesprächs hatte Anna Seghers beim Reden mehrmals lange die Augen geschlossen gehalten, einige Male auch unvermittelt den Kopf sinken lassen. Ich wußte nicht, ob sie nachsinnt oder erschöpft ist. Einmal sah sie jedoch hoch und sagte: Jetzt is' se abgetaucht, hast du gedacht, stimmt's? *Eine Betreuerin, die ins Zimmer gesehen hatte, wurde abgewiesen. Dennoch war ihr deutlich Erschöpfung anzumerken. Da wunderte mich ihr Wunsch, sie am Nachmittag bei einem Spaziergang zu begleiten. Ich muss überrascht reagiert haben, weil ein solcher Ausflug gar nicht möglich gewesen wäre. Da wurde deutlich, dass es ihr Spaß gemacht hatte, mich zu verblüffen.* Im Geiste zu spazieren, *fügte sie hinzu,* viele Straßen hier haben Namen von Schriftstellern.

Aus diesem Grund besuchte ich sie am Nachmittag dieses Tages noch einmal. Ein Verschieben auf den nächsten Tag war ihr nicht recht. Kaum dass ich mich zu ihr gesetzt hatte, begann sie, teilweise undeutlich artikulierend, zu reden, als möchte sie an das Gespräch am Vormittag anknüpfen: Eigentlich hatten wir, Franz und ich, überhaupt keinen Krach miteinander, es brach etwas auf, worüber wir hätten sprechen können. Aber das war eben nit möglich. *Danach wechselte sie abrupt das Thema und fragte, wer zum Friedrichshagener Dichterkreis gehört habe. Sie meine nicht den Sonntagsverein mit den Dilettanten, sondern den anderen. Ich nahm an, dass sie auf einen von Johannes Bobrowski und Manfred Bieler mehr scherzhaft gegründeten »Verein für Gute Literatur und Schönes Trinken« hinauswollte und nannte noch Christa Reinig, eine junge Autorin mit feministischer Attitüde, die Anna Seghers einst gegen banausische Anwürfe verteidigt hatte, bevor sie nach der Verleihung des Bremer Literaturpreises vorgezogen hatte, im Westen zu bleiben. Doch Anna Seghers hatte an Wilhelm Bölsche, Bruno Wille und Peter Hille gedacht, deren Vornamen ihr teilweise entfallen waren. »Durch! mit Ausrufezeichen«, sagte ich, »so hieß der Verein; Erich Mühsam und Arno Holz gehörten auch dazu.« Ich sagte die Namen so hin.* Schlaf nit?, *fragte sie. »Doch, Johannes Schlaf auch und Richard Dehmel und Gerhart Hauptmann!«* – Durch!, *sagte sie lachend,* mit Ausrufezeichen.

24. August 1982

(Pflegeheim; Berlin, Werlseestraße)

SEGHERS Es wurde mir nicht mitgeteilt, dass du kommst.

ROSCHER Ich hatte mich aber angemeldet, man wollte dir Bescheid sagen und zurückrufen, wenn's dir nicht recht ist.

SEGHERS Ich bin hier ziemlich hilflos, tatenlos meine ich, arbeitslos.

ROSCHER Wie könnte ich dir nützlich sein?

SEGHERS Gar nicht. Immer wollte ich ein Haus mit einer großen Flügeltüre haben, das wäre mir jetzt nützlich, aber da kannst du nit helfen. Mit einer Flügeltür ins Freie fliegen, das möchte ich. – Aber jetzt pass acht: Ich weiß doch, dass du immer auf der Suche nach Manuskripten für die Zeitschrift bist.

ROSCHER Ich komm auch ohne besonderen Grund zu dir.

SEGHERS Und bringst Blumen mit. Kannst du mir [Georg] Forsters Reisebuch besorgen, nit das von der Seefahrt, sondern das vom Niederrhein und von der Revolution in

Mainz*? Über Forster hätte ich rasend gerne geschrieben, weil er nit bloß in Mainz die Fenster aufgestoßen hat.

ROSCHER Und kaputt gegangen ist wie Büchner, Heine ...

SEGHERS ... wie so viele andere. Aber ich werde über ihn nicht schreiben, weil ich hier nicht schreiben kann. Und wenn ich nicht schreiben kann, geht mir's nit gut. Dann ist's mir auch nit recht, wenn du kommst. Wir würden nur so dasitzen. Aber wenn ich dich zu kommen bitte, dann kommst du?

ROSCHER Selbstverständlich.

Diesem Gespräch folgten keine, über die ich hätte Aufzeichnungen machen wollen; ich beließ es bei nachträglichen Notizen. Auch hatte ich den Eindruck, dass die Tochter Ruth aus ihrer berufsfachlichen Erfahrung Besuche bei ihrer Mutter knapp zu halten bemüht war. Um so mehr überraschte mich, dass mich einige Monate später eine Mitarbeiterin des Heimes anrief, um mir mitzuteilen, dass sich Frau Doktor Seghers über einen Besuch freuen würde.

[?] *August 1982*

Ich traf Anna Seghers körperlich ausgezehrt im Lehnstuhl sitzend. Als ich eintrat, blickten ihre Augen aus tiefen Höhlen zur Tür. Ich bemerkte den Anflug eines Lächelns. Weil das Zimmer noch immer sehr unpersönlich wirkte, fragte ich, ob ihr ein höhen- und neigungsverstellbarer kleiner

* Gemeint sind »Reise um die Welt«, »Ansichten vom Niederrhein, von Brabant, Flandern, Holland, England und Frankreich, Mai und Junius 1790« sowie »Darstellung der Revolution in Mainz«.

Arbeitstisch dienlich sein könne, wie er von einer Firma in der Kleinen Auguststraße produziert wurde. Komische Auguste kenne ich einige, dumme viele, kleine jedoch überhaupt nit. *Von meinem Vorschlag hielt sie nichts.* Es ist meine Aufgabe, wunschlos unglücklich sein zu müssen. *Dieser Satz schien mir, trotz aller Krankheits- und Alterseinschränkungen, ihr im Tiefinnersten noch waches Bewusstsein zu bestätigen.*

17. Januar 1983

Die Schriftstellerin Berta Waterstradt, eine der alten Freundinnen der Autorin aus den zwanziger Jahren, hatte mich informiert, dass es vermutlich gut wäre, wenn ich die Anna bald mal besuchen würde; sie habe den Eindruck, dass sie mir etwas mitteilen möchte.*

Als ich ins Zimmer trat, angelte sie nach ihrer Krücke und stieß sich dabei an der Hand. Schade, *sagte sie und rieb die schmerzende Stelle,* ich hätte dich gerne richtig begrüßt. *Nachdem sie eine Weile sinnend verharrt hatte, begann sie, mit leiser Stimme über die Rettung eines Briefes von Heinrich Heine an seine Mutter zu sprechen. Ich wußte von dem Dokument, hatte es gerahmt oft an der Wand ihres Arbeitszimmers gesehen, jedoch nie gelesen und auch nicht nach seiner Herkunft gefragt. Ich ahnte von seiner symbolischen Bedeutung, denn Anna Seghers war es nicht gelungen, ihre Mutter vor Deportation und Tod zu retten.* Pass mal gut acht ..., *sagte sie und begann stockend von der Rettung*

* Berta Waterstradt (1907–1990), Erzählerin und Filmautorin (»Die Buntkarierten«), Fernsehdrehbücher nach literarischen Vorlagen (u. a. von Clara Viebig und Theodor Fontane).

des Briefes zu erzählen, schloss jedoch bald mitten im Satz die Augen. Als ich ihre ruhigen Atemzüge vernahm und eine Pflegerin besorgt mehrmals durch einen Türspalt gesehen hatte, erhob ich mich leise. Da griff sie nach meinem Arm und sah mich groß an. »Ich komm wieder«, sagte ich, fürchtete jedoch, dass es ein Versprechen bleiben würde.

BRIEFE
(Auswahl)

508/6.8.64

Prag 30. Juli.

Lieber Achim Roscher ich schicke dir wie vereinbart die Erzählung "Das Schilfrohr". Ich habe sie hier korrigiert.

Ich bitte euch sehr darauf zu achten dass die Korrekturen genau beachtet werden.

Mir wär es sehr lieb, ihr könntet mir die Korrekturfahnen schicken nach

Tatranska Lomnica
Grand Hotel Praha
Tschechoslowakei

Meine Sekretärin (die aber erst seit 14 Tagen mit mir arbeitet) soll sie auf jeden Fall auch durchsehen.

Ihre Adr. Fr. Ruth Hildebrand
Am Adlergestell 225 L (wie Ludwig)

Aber du siehst, die Sache kommt noch rechtzeitig an

Eure Anna Seg.

Prag, 30. Juli [Eingangsnotiz 6. 8. 64]

Lieber Achim Roscher,

ich schicke Dir, wie vereinbart, die Erzählung »Das Schilfrohr«. Ich habe sie hier korrigiert.

Ich bitte euch sehr darauf zu achten, dass die Korrekturen genau beachtet werden. Mir wäre es sehr lieb, ihr könntet mir die Korrekturfahnen schicken nach

Tatransks Lomnica
Grand Hotel Praha.
Tschechoslowakei

Meine Sekretärin (die aber erst seit 14 Tagen mit mir arbeitet) soll sie auf jeden Fall auch durchsehen. Ihre Adr. Fr. Ruth Hildebrand, Am Adlergestell 225 L (wie Ludwig).

Also, du siehst, die Sache kommt noch rechtzeitig an.

Eure Anna *

* Das von Anna Seghers scherzhaft »Annagramm« genannte Signum vereinigt die Buchstaben »S« der lateinischen Schreibschrift (Kurrent) mit dem Buchstaben »E« der deutschen Schreibschrift (Sütterlin).

Lieber Achim Bruder, hier schicke ich Dir die Korrektur [illegible], die heute ankam.
Ich bitte dich bei dieser Gelegenheit dem Hr. Schulz zu sagen, dass ich mich sofort bei ihm melde, wenn ich wieder da bin (in den ersten Septembertagen) dass ich, (bis auf diese Erzählung die ich dir versprach) hier bis zur letzten möglichen Stunde ganz ruhig, brav [illegible] damit ich gesund werde u vernünftig zur Arbeit zurück komme; denn toll gut geht es immer noch nicht.
Ich hoffe also diese Sache kommt richtig an. Ich bat vor kurzem auch Frau Hildebrandt, sich darum zu kümmern.

Viele Grüsse
Deine Anna [illegible]

[Brief ohne Datum, Poststempel: 15. August 1964]

Lieber Achim Roscher,

hier schicke ich Dir die Korrektur zurück, die heute ankam.

Ich bitte dich bei dieser Gelegenheit dem Gen. Schulz zu sagen, dass ich mich sofort bei ihm melde, wenn ich wieder da bin (in den ersten Septembertagen), dass ich (bis auf diese Erzählung, die ich dir versprach) hier bis zur letzten möglichen Stunde ganz ruhig u. brav sein muss, damit ich gesund werde u. vernünftig zur Arbeit zurück komme; denn toll gut geht es immer noch nicht.

Ich hoffe aber, diese Sache kommt richtig an. Ich bat vor kurzem auch Frau Hildebrand, sich darum zu kümmern.

Viele Grüsse
Deine Anna Ses

Berlin, den 29.9.1964

Lieber Joho,

jetzt habe ich etwas, was trotz der ewig langen Anlaufzeit der NDL die Aussicht hat, rechtzeitig gemacht zu werden.

Auf dem PEN-Club war Heinrich Christian Meier, Hamburg 20, Breitenfelder Str. 48. Der machte mich darauf aufmerksam, dass im Dezember (ungefähr 14. Dezember) Hans Henny Jahn, der Schriftsteller und Orgelbauer 70 Jahre alt geworden wäre und dieser Tag in der Bundesrepublik und von ausländischen Germanisten usw. gewürdigt wird. Dieser Heinrich Christian Meier wird an "Sinn und Form" vermutlich ein Essay schicken. Und das ist auch in Ordnung, Jahn hat dort seinerzeit mitgearbeitet. Er war, wie Du weisst, durchaus für Frieden, Koexistenz usw. Ausserdem kannte ich ihn ziemlich gut aus alten Zeiten, denn er gab mir den Kleist-Preis.

Ich glaube, dieser Heinrich Christian Meier wird aber gerne für NDL auch etwas schreiben oder etwas geeignetes schicken, er war ein Freund von Jahn und ist auch jetzt mit seiner Familie befreundet. Wenn Du an ihn schreibst, nimm auf mich Bezug.

Viele Grüsse

Deine Anna Seghers

ANNA Seghers

Neue Deutsche Literatur
Dr. Wolfgang Joho, Chefredakteur

Berlin, den 29.9.1964

Lieber Joho,

jetzt habe ich etwas, was trotz der ewig langen Anlaufzeit der NDL die Aussicht hat, rechtzeitig gemacht zu werden.

Auf dem PEN-Club war Heinrich Christian Meier, Hamburg 20, Breitenfelder Str. 48. Der machte mich darauf aufmerksam, dass im Dezember (ungefähr 14. Dezember) Hans Henny Jahnn, der Schriftsteller und Orgelbauer, 70 Jahre alt geworden wäre und dieser Tag in der Bundesrepublik und von ausländischen Germanisten usw. gewürdigt wird. Dieser Heinrich Christian Meier wird an »Sinn und Form« vermutlich einen Essay schicken. Und das ist auch in Ordnung, Jahnn hat dort seinerzeit mitgearbeitet. Er war, wie Du weisst, durchaus für Frieden, Koexistenz usw. Außerdem kannte ich ihn ziemlich gut aus alten Zeiten, denn er gab mir den Kleist-Preis.

Ich glaube, dieser Heinrich Christian Meier wird aber gerne für NDL auch etwas schreiben oder etwas Geeignetes schicken, er war ein Freund von Jahnn und ist auch jetzt mit seiner Familie befreundet. Wenn Du an ihn schreibst, nimm auf mich Bezug.

Viele Grüsse
Deine Anna Seghers

Frau
Dr. Anna Seghers
Grandhotel Praha
Tatranska Lomnica
CSSR

ro./d. 18. Aug. 1964

Liebe Anna Seghers

hab herzlichen Dank für die Erzählung, die wir sehr gut finden. Hab auch Dank dafür, daß Du Wort gehalten hast. Offen gestanden: Mir ist ein großer Stein vom Herzen gefallen, als ich den großen Umschlag aus Prag in den Händen hielt. Das Oktoberheft zum Jahrestag wäre ohne Dich mager ausgefallen, da uns Kuba mit seinem Stück (»terra incognita«) abermals, zum xten Male nun schon versetzt hat. Aber Strittmatter hat geliefert, ebenfalls eine gute Erzählung.

Wunschgemäß schicken wir in den nächsten Tagen die Fahnen, sowohl an Dich nach Tatranska Lomnica als auch an Deine Sekretärin.

Nochmals Dank! Beste Wünsche, gute Erholung – von Herzen.

Redaktion NEUE DEUTSCHE LITERATUR
Achim Roscher

Frau
Dr. h. c. Anna Seghers
1199 Berlin-Adlershof
Volkswohlstr. 81

ro./d. 9. 7. 65

Liebe Anna,
auch auf die Gefahr hin, daß Du mich – nicht ganz unverdient – einen »elenden Plagegeist« nennen wirst, bitte ich Dich noch einmal, uns doch eine Erzählung aus Deinem neuen Band zu geben. Wie Du wissen wirst, bringen wir zwei Hefte mit internationaler Lyrik und Prosa, teilweise recht beachtlichen Arbeiten von Teilnehmern des Treffens. Es wäre schön, wenn Du mit einer Prosaarbeit vertreten wärst. Und wenn Du uns das Manuskript schnellstens, bis Dienstag nächster Woche geben könntest, da wir am Mittwoch (14. 7.) Redaktionsschluß haben. Gibst Du Deinem Herzen einen Stoß?

Dann wäre noch eine zweite Sache. Wir haben uns schon mal etwas umgesehen, wie wir Deinen Geburtstag begehen könnten. Dabei ist uns eine »Ausgrabung« gelungen, die ich Dir anbei zeigen möchte. Was meinst Du? Würdest Du vielleicht was dazu schreiben, einen Vorspann, Deine Gedanken beim Wiederlesen?

Mit besten Wünschen und Grüßen

Redaktion NEUE DEUTSCHE LITERATUR
Achim Roscher

Berlin, den 12. Juli 1965

Lieber Achim Roscher,

ich habe vor einer halben Stunde mit Elli Schmidt telefoniert. Ich möchte Dir aber lieber nochmal schreiben, dass ich aus dem Erzählungsband vor seinem Erscheinen nichts mehr veröffentlichen möchte. Andere Sachen sind leider noch nicht fertig.

Was Ihr mir für eine spätere Nummer geschickt habt, gefällt mir nicht. Ich bin Freitag, 16. 7., am frühen Nachmittag im Schriftstellerverband. Wenn ich bis dahin etwas Geeignetes habe, bring ich es mit.

Es handelt sich bei dieser Sache nicht darum, »meinem Herzen einen Stoss zu geben«, sondern etwas zu wählen, was nicht schlecht ist. Ich finde auch ganz langweilig, irgendwelche Gedanken, irgend einen Vorspann zu erfinden und hätte zu sowas auch keine Zeit.

Also nichts für ungut.

Bis zum Wiedersehen grüsst Dich
Deine Anna Seghers

ANNA Seghers

Berlin, den 30. Juni 1966

Neue Deutsche Literatur
Gen. Werner Neubert
Berlin

Lieber Werner Neubert,

ich schicke Dir hier zwei Sonderdrucke, die wiederum mir der Verfasser, Professor Itoh, geschickt hat. Seit Jahren bin ich mit ihm im Briefwechsel, denn er hat verschiedene meiner Bücher übersetzt.

Ich bin immer von neuem erstaunt, wie differenziert die Kenntnisse und die Abhandlungen gerade der japanischen Germanisten sind. Dabei frage ich mich, ob man einmal mit ein paar vernünftigen, einleitenden Sätzen etwas veröffentlichen könnte. Damit die Leser beschämt sind, wieviel besser dort diese Leutchen unsere Schriftsteller kennen als wir.

Ich versprach dem Prof. Dr. Tsutomu Itoh, dass Du ihm Heft 6 der Neuen Deutschen Literatur mit Brechts Satire schicken wirst. Wahrscheinlich müsste man ihn um Erlaubnis fragen, ob man etwas abdrucken dürfte (vielleicht als Gegenleistung ein Buch oder Bücher)?

Viele Grüsse
Anna Seghers

ANNA SEGHERS

Berlin, den 5. 5. 1971

Redaktion
Neue Deutsche Literatur

108 Berlin

Friedrichstr. 169/170

Lieber Achim Roscher,

ich schicke Dir hier, damit es keinen Irrtum gibt, noch einmal die Überschrift, wie wir sie auch am Telefon besprochen haben:

Anna Seghers
„Die Trennung"
Abschnitt aus "Überfahrt", eine Liebesgeschichte

Viele Grüsse
Anna

Frau
Dr. Anna Seghers
1199 Berlin-Adlershof
Volkswohlstr. 81

ro/spl 16. 2. 1973

Liebe Anna,
wir möchten, wie Du schon weißt, die beiden Referate von der Vorstandssitzung* (Kritik) abdrucken und dazu einige Diskussionsbeiträge (teilweise im Auszug). Auf Deine Bemerkungen möchten wir nicht verzichten, obgleich es sehr schwierig war, sie vom Tonband abzunehmen, da Du nicht ins Mikrophon gesprochen hast. Die Frau, die die Abschrift hergestellt hat, mußte sich ziemlich mühen, um überhaupt einen Sinnzusammenhang zu verstehen. Ich habe die Abschrift nun nach dem Gedächtnis einigermaßen ergänzt und bitte Dich, den anliegenden Durchschlag zu lesen und, falls notwendig, entsprechend zu korrigieren oder zu erweitern. Und außerdem hätte ich die Bitte, daß Du das schnell machst, da wir mit harten und unerbittlichen technischen Terminen zu tun haben. Ob Du mir den autorisierten Durchschlag in der kommenden Woche zurückgibst? (Ich kann ihn auch gern abholen, da ich ja nicht weit von Dir entfernt wohne.)

Herzliche Grüße
Dein Achim Roscher

* Bezug auf eine erweiterte Vorstandssitzung des Schriftstellerverbandes zu Fragen der Literaturkritik im Januar 1973, bei der Kurt Batt das Hauptreferat gehalten hatte. Die Diskussion wurde im Maiheft der NDL reflektiert. In der gleichen Ausgabe findet sich als Wiederentdeckung ein »Hörspiel für Kinder« von Anna Seghers, das, vor Beginn des zweiten Weltkrieges entstanden, mit dem Titel »Ein ganz langweiliges Zimmer« damals vom Flämischen Rundfunk gesendet worden war.

ANNA Seghers

Fernsehen DDR
Herrn Nowojski
Leiter des Bereichs Dramatische Kunst
1199 Berlin-Adlershof
Rudower Chaussee 3

Berlin, den 16.7.1973

Lieber Genosse Nowojski

ich fand beim besten Willen nicht eher Zeit, Ihren Brief vom 7.6. zu beantworten, d.h. die Vorschläge Ihrer Mitarbeiter über die Entstehung des Romans »Das siebte Kreuz« und die Schicksale des Romans durchzusehen.

Sie wissen selbst, daß Ihre Absicht recht schwierig zu verwirklichen wäre und nur mit großem künstlerischen Taktgefühl. Ich schicke Ihnen das Manuskript wieder zurück, denn ich machte beim Lesen Bemerkungen mit dem Bleistift, die Sie hoffentlich mit Hilfe dieses Briefes besser entziffern können (sie stehen zumeist in diesem Brief).

Sie stellen die Wahl zwischen zwei Anfängen. (Übrigens sind die Menschen, auf die Sie sich beziehen, nicht immer die richtigen. Auch die Angaben, die sich auf historische Begebenheiten beziehen, sind nicht immer ganz richtig.) Ich würde Ihnen vielleicht empfehlen, wenn Sie überhaupt den Mut zu dieser Sache behalten, mit dem Denkmal von Georg Büchner auf dem Rigi zu beginnen. Man kann dazu sagen, daß viele deutsche Dichter im Exil waren, manche gestorben sind, z.B. Georg Büchner, von dem vielleicht die moderne deutsche Prosa kommt.

Dann in Paris: Bedenken Sie immer, daß Sie nicht das Leben der Autorin bringen wollen, sondern die Geschichte eines *Manuskripts*. Darum die politische Situation ganz straff bis zum Einmarsch der Deutschen. Alter Lehrer, ein Freund der Familie, verbirgt ein Exemplar (im Garten vergraben). Ein Exemplar, an Bekannte verliehen, verbrennt, als das Haus bombardiert wird. Ein Exemplar ging mit der Post an Franz Weiskopf. Ich wußte damals nicht, ob es angekommen ist.

Die Wehrmacht hat die Maginotlinie durchbrochen. Da A. S., wie viele andere, an der großen Flucht aus Paris teilnimmt, muß sie vorher ihr letztes Exemplar verbrennen. Ihr bisheriges Werk »Aufstand der Fischer« usw. ist bereits in Berlin bei der Bücherverbrennung vernichtet worden.

Seite 3: haben Sie meine Arbeiten in Paris aufgezählt. Die Romane, die bei Querido in Amsterdam erschienen. Meine Reise nach Österreich, kurz nach dem Februar-Aufstand als ich die Gerichte besuchte, die die Schutzbündler* verurteilten.

Bei solchen Reisen hörte ich von Flüchtlingen in der Schweiz und in Frankreich Begebenheiten, die im »Siebten Kreuz« vorkommen. Begebenheiten sind noch kein Romanexposé. Als A. S. in Madrid auf dem Schriftstellerkongreß war, wird sie von einem Romanisten auf den Roman »Das Verlöbnis« von Manzoni** aufmerksam gemacht. An einer

* Den Brief stellte der NDL-Chefredakteur aus Anlass des 80. Geburtstages der Autorin zum Abdruck in Heft 11/1980 der Zeitschrift zur Verfügung.

Schutzbündler: Mitglieder des Republikanischen Schutzbundes, einer paramilitärischen Organisation der Sozialdemokratischen Partei Österreichs, die sich im Februar 1934 mit Unterstützung der Kommunistischen Partei Österreichs gegen die klerikal-faschistische Diktatur Dollfuß erhoben hatte.

** »Die Verlobten« (»I promessi sposi«) von Alessandro Manzoni (1785–1873), gilt mit seiner gesellschaftlich geprägten realistisch-poetischen Figurenhandlung als ein über seine Zeit hinaus wirkendes Beispiel der italienischen Romanliteratur.

Handlung werden alle Schichten des Volkes gezeigt. Damit versteht A. S.: Die Flucht eines Gefangenen kann auch alle Schichten des Volkes in Deutschland zeigen.

Der Ort der Handlung ist in der Nähe von Mainz usw. All dies haben Sie in Seite 4 und 5 erzählt. Wie Sie daraus einen Film machen wollen, das weiß ich nicht, Sie müssen sich sehr hüten vor pathetischen, lehrhaften Darstellungen, die sehr oft eine Krankheit, entschuldigen Sie, unserer Filme sind.

A. S. muß durch die Besatzung von Marseille nach Mexiko. Über die Antillen. Martinique ist der westlichste französische Punkt. Sie ist auch längere Zeit in Santo Domingo. Die Antillen machen auf sie für ihr ganzes Leben großen Eindruck. Von dort fährt die Familie, mit längerem Aufenthalt in Elis Island, auf Umwegen nach Vera Cruz, Mexiko.

A. S. gewinnt Mexiko sehr lieb. Trotz Unfall und Krankheiten. Es stellt sich heraus, daß das »Siebte-Kreuz«-Manuskript bei Weiskopf ankam und bei einem Verlag herauskommt.

Das haben Sie teilweise Seite 7. Einen Teil dieser Wegstrecke, aber nur immer einen Teil, machte ich mit Kurt und Jeanne Stern* und anderen.

Als ich später fragte, wieso das Buch in USA bei den Lesern ankam, sagte man mir, man hätte sich bisher nicht

* Kurt Stern (1907–1989), Publizist, Erzähler, Drehbuchautor; leitendes Mitglied der linken Studentenbewegung, 1933 Emigration, in Paris Mitarbeiter der politisch-literarischen Monatszeitschrift »Unser Zeit«, Politkommissar im spanischen Bürgerkrieg, Exil in Mexiko, Redakteur der Zeitschrift »Freies Deutschland«, Sekretär des Heinrich-Heine-Klubs; gemeinsam mit seiner Frau Jeanne übertrug er Werke deutscher Autoren (u. a. von Egon Erwin Kisch, Bertolt Brecht und Anna Seghers) ins Französische.

vorgestellt, in welchem Maß Hitler sofort die deutschen Antifaschisten mißhandelte.

Jedenfalls war der Roman angelangt, und ich konnte froh sein. Die Daten haben Sie selbst zum Teil herausgefunden. Auch die ersten Angaben in Europa. Besonders erwähnen müßte man den mit Mühe und Liebe gegründeten Verlag in Mexiko, den Walter Janka* geleitet hat.

Ich weiß nicht, ob Ihnen solche Angaben etwas nützen und ob Sie die Menschen zur Verfügung haben, die so etwas zustande bringen. Die Geschichte eines Manuskripts kann ganz interessant sein. Sie wird aber sofort uninteressant, wenn man nur die allen bekannten historischen Tatsachen aufzählt.

Ihre eigenen Vorschläge sind noch unklar und schneiden sich oft. Ich glaube, Sie haben selbst noch keine klare Konzeption. Das ist auch schwierig.

Ich bin in den nächsten Wochen nicht in Berlin. Im September können Sie mich wieder in Adlershof erreichen.

Viele Grüße fügt hinzu
Ihre *Anna Seghers*

* Walter Janka (1914–1994), KPD-Funktionär, 1933 Zuchthaus und KZ, 1935 Ausweisung aus Deutschland, Teilnahme am spanischen Bürgerkrieg, Internierung in Frankreich, Flucht nach Mexiko, dort Gründer und Leiter des Verlags EL Libro Libre (Das Freie Buch) besonders für deutsche Exilliteratur (u. a. Werke von Lion Feuchtwanger, Heinrich Mann, Anna Seghers); nach Rückkehr Direktor des Aufbau-Verlags in Berlin, 1956 Verurteilung wegen »Boykotthetze«, Haft in Bautzen, 1969 auf Grund internationaler Proteste vorzeitig entlassen, Dramaturg bei der DEFA, Kassation des Urteils 1990, Rehabilitierung.

ANNA SEGHERS

Berlin, den 18.3.1974

Neue Deutsche Literatur

108 Berlin

Friedrichstr. 169/170

Lieber Achim Roscher,

hier ist die Kongreßrede. Du hast ein paar Stellen, die Dir offenbar nicht glatt genug vorkamen, zart angedeutet. Ich habe aber nur auf dem zweiten Bogen oben das Wort 'Warum?' eingefügt. Die übrigen Stellen, meine ich, soll man so lassen, sonst gibt es nur neues Durcheinander.

Viele Grüße

Deine

Anna

The University of Vermont
Derpartment of German and Russian
Waterman Building

den 16. Mai 1975

Frau
Dr. Anna Seghers
c/o Aufbau Verlag
DDR
108 Berlin
Französische Straße 32

Sehr verehrte, liebe Anna Seghers,

in meinem Kurs über die Literatur der DDR habe ich unter anderem Ihre Erzählung »Überfahrt« ausgewählt, ein Werk, das ich persönlich sehr hoch schätze. Als ich mich auf den Kurs vorbereitete, stieß ich auf die Besprechung dieser Erzählung, die von einer russischen Mannschaft* geschrieben wurde und in der »Neuen Deutschen Literatur« für Juli 1973 erschienen ist. Mir fiel sofort ein, daß meine Students ruhig etwas Ähnliches machen sollten und daß sowohl Sie als auch die Redaktion der NDL eventuell Interesse für eine solche Arbeit haben würden. Ohne daß ich den Studenten gesagt habe, was ich mit der Besprechung vorhatte, ließ ich »Überfahrt« lesen und die Studenten

* Die Besprechung der amerikanischen Germanisten wurde 1975 im Novemberheft der NDL gemeinsam mit den begleitenden Briefen in voller Länge veröffentlicht. Bei der genannten »russischen Mannschaft« handelt es sich um Studenten der Pädagogischen Hochschule in Swerdlowsk.

eine Gruppenarbeit darüber schreiben. Ich selber beteiligte mich an den Stunden, als die Diskussion stattfand und die daraus entstandene Besprechung geschrieben worden ist, nicht.

Anbei schicke ich Ihnen diese Besprechung in der Hoffnung, daß Sie sich dafür interessieren. Auch an die Redaktion der NDL habe ich eine Kopie geschickt – mit der Erlaubnis der Studenten übrigens, denen ich nachher alles erklärt habe – , und ich hoffe, daß sie eventuell veröffentlicht werden kann.

Hier an der Universität Vermont wird der DDR-Kurs regelmäßig alle zwei Jahre gegeben. Dieses Semester lasen wir (außer »Überfahrt«) »Ole Bienkopp«, »Levins Mühle«, »Der geteilte Himmel« sowie Erzählungen im Fischer-Band »19 Erzähler der DDR« und einige Gedichte, die ich selber ausgewählt habe. Das Interesse der Studenten war bis zum Schluß des Semesters äußerst lebhaft und ganz positiv gestimmt, und das lag zu einem großen Teil, liebe Frau Seghers, auch an Ihnen.

Mit herzlichen Grüßen
Ihr David Scrase

ANNA Seghers

Mr.
Dr. D. Scrase
The University of Vermont
Department of German and Russian
Waterman Building
Burlington Vermont 05401
USA

Berlin, den 10. 6. 1975

Sehr geehrter, lieber David Scrase,

mit Ihrem Brief vom 16. Mai haben Sie mir eine große Freude gemacht. Ich habe aufmerksam die gemeinsamen Ausführungen Ihrer Arbeitsgruppe gelesen, und ich habe auch wieder – mit Geduld und Mühe – die Ausführungen der Lesergruppe hinter dem Ural herausgesucht.

Natürlich freut es mich, daß sich die Studenten mit meiner Arbeit beschäftigen. Was Ihre Studenten schrieben, hat mich sogar auf manche Idee gebracht, die ich bewußt nicht hatte, und das war auch der Fall bei dem Artikel der Ural-Leser.

Es gibt da nur eine Sache, die, wie mir scheint, nicht stimmt. Es ist die viel und vielerarts, hier und überall durchdiskutierte Sache von dem »sozialistischen Realismus«. Ich bin der Meinung, daß ein sozialistisch denkender Künstler, der einen Teil der Wirklichkeit darstellen will, bewußt oder unbewußt als sozialistischer Realist arbeitet. Daß er sich eine sozialistische Gesellschaft wünscht, und keine sonstwie geartete Gesellschaft, das ist verständlich. Zugleich bin ich der Meinung, daß Wirklichkeit nicht einfach das ist, was ins Auge springt und z. B. in einer Photographie oder in einem Spiegelbild zu sehen ist. (Wenn ich mich richtig erinnere, schrieb ich einmal: Etwas, was in Bewegung ist, spiegelt sich in einem fließenden Strom.) – Auch Träume, phantastische Gedankenverbindungen, Wünsche usw. gehören zur Wirklichkeit. Zu was sollten sie auch sonst gehören?

Aus all dem ergibt sich, daß diese Darstellungsart nichts Einengendes bedeutet, sondern etwas Erweiterndes und ganz bestimmt nichts Angeordnetes, kein Muß, dem sich ein wirklicher Künstler unterzieht, weil er eben in einem sozialistischen Staat lebt. Umgekehrt: Die Arbeit des wirklichen Schriftstellers (nur von solchen »wirklichen« spreche ich) gehört gerade zu diesen Substanzen, aus denen ein solcher Staat gemacht ist.

Ich glaube nicht, daß Ihre Studenten, denen ich sehr herzlich für ihre Arbeit danke, irgendwie merken, daß sie von vielen Meinungen, Artikeln, Zeitungen usw. zu dem Bild über den sozialistischen Realismus, das sie wiedergaben, gebracht wurden.

Ich weiß nicht, lieber David Scrase, ob und was Ihnen die NDL antworten wird. Ihr Brief interessiert und freut mich, und ich will Ihnen gleich antworten.

Die besten Grüße fügt hinzu
Ihre Anna Seghers

ANNA Seghers

Berlin, den 5.7.1976

Lieber Achim Roscher,

Deine sehr lieben Frauen, d.h. Frau und Tochter, brachten mir das Interview. Aus irgendeinem Grund habe ich mich gleich darüber hergemacht und schicke es. Ich habe nicht viel verändert, nur manches gekürzt und verdeutlicht, was nicht recht klar war. Jetzt kannst Du noch einmal, wie ich es über das Wochenende mußte, daran herumschnippeln. Was mir verschnörkelt vorkam, machte ich weg. Bitte rückverbessere nicht. Wir werden uns noch einmal sprechen.

Gute Erholung,
Deine Anna Ses

ANNA Seghers

Berlin, den 13. 3. 1978

Neue Deutsche Literatur
108 Berlin
Friedrichstr. 169/170

Lieber Achim Roscher,

ich erhielt Deinen Brief vom 7. 3.
Ich kann mich durchaus nicht an den Inhalt der Erzählung »Der Vertrauensposten« erinnern. Bitte gib das Manuskript nicht in die Setzerei, ohne daß ich es gesehen habe. Das selbe gilt für die Illustration. Bitte schicke mir gleich den Text.

Dein schöner Stein* liegt fortgesetzt auf meinem Schreibtisch.

Mit bestem Gruß
Deine
Anna Seghers

* Steinbeil, Fundstück von der Insel Usedom. Siehe Gespräch vom 14. 6. 1980.

24. April 1979

Frau Dr. Anna Seghers

Liebe Anna,

Deinen Glückwunsch für Ludwig Renn habe ich wunschgemäß doch erst am Geburtstag selbst überbracht. Ich glaube, daß sich Renn sehr darüber gefreut hat.

Aber mit der Eröffnung, daß wir Deine neue Novelle nicht zum Vorabdruck bekommen, hast Du mir einen Stich versetzt. Und immer noch hoffe ich, daß wir doch noch in diesem Jahr von Dir etwas zum Abdruck bekommen. Ein Jahrgang ohne Dich ist kein guter Jahrgang.

Alle guten Wünsche für Dich und herzliche Grüße von
Deinem Achim Roscher

An
Frau Dr. Anna Seghers

30.5.79

Liebe Anna,

hoffentlich bist Du mir nicht böse, daß ich nicht müde werde, Dich mit Bitten aufzurufen.

Als ich Dich damals in Altenhof besuchte, erzählte ich Dir, daß wir Leute auf der Straße nach ihrer Meinung zum Thema »Wirkung von Literatur auf Menschen« befragt haben und daß wir dabei von einigen Anna-Seghers-Zitaten ausgegangen sind. Du sagtest damals, daß man solche Äußerungen drucken sollte, was wir auch gern tun möchten, aber wir möchten es nicht ohne eine Resonanz von Dir tun, d.h. ohne ein paar Gedanken von Dir zu dieser Sache. Dabei wäre es u.E. nicht gar so wichtig, in welcher Form dies geschehen sollte, als Briefäußerung, als Tonbandäußerung, als Gespräch (ich würde dann einige Notizen machen und Dir das Ergebnis vorlegen wie bei früherer Gelegenheit) oder wie immer.

Uns schiene, daß es schade wäre, die Stimmen unbeachtet in der Schublade liegen zu lassen. Ob wir aber mit Deiner Hilfe rechnen können? Ob Du mir ein paar Worte sagst? Ob Du mich nicht zu lange warten läßt?

In der Hoffnung, daß es Dir gut geht,
grüßt Dich sehr herzlich
Dein Achim Roscher

ANNA Seghers

Berlin, den 13.7.1979

Lieber Achim Roscher,

ich danke Dir für Deinen Brief vom 30.5. Er hat mir wieder einmal ganz klar gemacht, wie recht der Arzt hat, der mir empfiehlt, so wenig wie möglich zu korrespondieren.

Du schickst mir alle möglichen Äußerungen von Lesern und bittest mich nun meinerseits, diese Äußerungen zu erklären und zu ergänzen. Dazu bin ich aber ganz unfähig, denn ich bin viel zu müde, von viel zu viel verschiedenartigen Dingen in Anspruch genommen. Sei so lieb und warte, bis das Schicksal uns wieder an einem See oder in einem Park zusammenführt. Denn hier und jetzt an meinem Tisch bin ich einfach nicht imstande, die Halbfragen und Halbantworten richtig zu ergänzen.

Bitte lieber Roscher, laß mich meine Müdigkeit ein bißchen ausschlafen und meine Kaputtheit loswerden. Sei deshalb nicht bös, wenn ich Dir Deine Anspornversuche auf gewisse Zeit zurückschicke.

Viele Grüße fügt hinzu
Deine Anna Seghers

ACHIM ROSCHER

27. Dezember 1979

Liebe, herzlich verehrte Anna Seghers,

mit diesem südlichen Blütenzweig nehme ich die Gelegenheit, Dir ein einen guten Jahresausklang, vor allem aber ein gutes neues Jahr in Gesundheit und Schaffenskraft zu wünschen.

Bitte erhalte uns Deinen kameradschaftlichen Rat. Und wenn wir 1980 wieder ein neues Manuskript von Anna Seghers drucken könnten, wären nicht nur wir sehr froh, sondern vor allem auch unsere Leser, Deine Freunde alle.

In diesem Sinne grüßt Dich von Herzen – und natürlich im Namen des Chefredakteurs und aller Kollegen

Dein Achim Roscher

ANNA Seghers

Berlin , den 2. Juni 1980

Lieber Achim Roscher,

wie Du weißt, fällt es mir sehr schwer, an meinen Berg von Korrespondenz heranzugehen. Nun bekomme ich gerade heute ein Manuskript in die Hände, das aus der BRD stammt, dort auch schon gesendet wurde, wie ich dem Begleitbrief entnehme*.

Ich finde eine derartige Darstellung gerade von dorther sehr nützlich und gut, und ich frage mich, ob Du nicht eine geeignete Form findest, es in die NDL zu bringen.

Wahrscheinlich mußt Du Dich mit dem Verfasser auseinandersetzen, ob er es gestattet usw.

Viele Grüße
Deine Anna Seghers

Wenn es nicht mehr verwandt wird, bitte an mich zurück.

* Es handelt sich um das Feature »Westhofen – Osthofen oder Veränderung eines Denkens« von Peter Frey, das zum Anlass des 80. Geburtstages von Anna Seghers in Heft 11/1980 erschien.

Frau
Anna Seghers
1954 Lindow/Mark
Haus am See (Gästehaus des Ministerrates)

8.8.80

Liebe Anna,

da Du nun also in der Mark und am See bist, möchte ich Dir dort schöne und erholsame Tage im Kreis Deiner großen und kleineren Kinder wünschen.

Und daß dieser Brief nicht ganz ohne Hintergedanken ist, muß ich Dir gegenüber nicht mühsam vertuschen: ich möchte mich zwischendurch nur mal in Erinnerung bringen, weil wir doch (spätestens Ende dieses Monats) etwas von Dir haben möchten – nämlich ein Manuskript, ein langes oder ein nicht so langes. Vielleicht gar die schöne Episode »Subbotnik«?

Sei von Herzen gegrüßt von Deinem
Achim Roscher

Frau
Dr. Anna Seghers

10.9.80

Liebe Anna,

erstens möchte ich Dir für die Handschrift des Zitats danken, die wir gut brauchen konnten,

zweitens gebe ich Dir wunschgemäß das Feature des Mannes aus Mainz zurück. Wir haben uns, wie ich Dir schon sagte, mit Peter Frey in Verbindung gesetzt und werden die Sache ins Heft aufnehmen.

Und da ich also von Frau Hildebrand hörte, daß Du ins Krankenhaus mußt, möchte ich nicht versäumen, Dir Gutes zu wünschen. Aber das tue ich ja immer und nicht nur zu diesem Anlaß und bei dieser Gelegenheit.

Wenn es Dir wieder so gut geht, daß ich Dir nicht lästig werde, würde ich gern mal wieder auf einen Sprung zu Dir kommen.

Herzlich Dein
Achim Roscher

ANNA Seghers

Berlin, den 29. Juni 1982

Redaktion NDL
1050 Berlin
Friedrichstr. 169/170

Liebe Redaktion,

ich schreibe Ihnen einen Brief, der Ihnen wahrscheinlich sonderbar vorkommt.

Ich bin hier seit einiger Zeit in einem Heim des Regierungskrankenhauses, da ich mich nicht wohlfühle und hier die nötige Pflege usw. habe. Dadurch lese ich auch eine Menge Sachen, die ich wahrscheinlich sonst nicht so gründlich vornehmen würde.

Auf mich hat großen Eindruck gemacht ein Artikel über Fallada*, den ich vorzüglich geschrieben fand, besser als die meisten Veröffentlichungen dieser Art, die mir in die Hand kommen.

Ich habe wenig von Fallada gelesen, auch nicht, was man über ihn geschrieben hat, auch nicht unsere eigenen bekannten Schriftsteller, die sich in den letzten Jahren gründlich mit ihm beschäftigten. Aber von den einzelnen Urteilen abgesehen, erschien mir gerade dieser Artikel besonders gut. Diese Art von Literatur, die ja auch etwas mit Literatur-Journalismus zu tun hat, ist leider bei uns sehr selten geworden.

* Bezug auf Klaus Bellins Besprechung des Buches »Hans Fallada. Sein großes kleines Leben« von Werner Liersch, NDL 5/1982.

Weil ich krank bin, kann ich Ihnen nur wenig schreiben. Es war mir ein Bedürfnis, Ihnen diesen Eindruck mitzuteilen.

Ihre
Anna Seghers

Nachsatz und Dank

Seit Gründung der Zeitschrift »Neue Deutsche Literatur« (NDL) im Jahr 1952 bestanden zwischen Anna Seghers und Mitgliedern der Redaktion freundschaftliche Beziehungen. Die Autorin, die zum Kreis der Mitbegründer gehörte, nahm an der Arbeit des Kollegiums Anteil, machte Vorschläge, übte Kritik, wandte sich gegen Anwürfe, stellte eigene Manuskripte für Vorabdrucke zur Diskussion und öffnete sich, obgleich sie sich zu Persönlichem eher verschlossen gab, mit Auskünften zu ihrem Leben. Die Gründerchefs, Willi Bredel und F.C. Weiskopf, kannte sie seit Ende der zwanziger Jahre; Henryk Keisch, 1938 in Paris mit dem Heinrich-Heine-Preis des Schutzverbandes deutscher Schriftsteller ausgezeichnet, lernte sie dort in schwieriger Zeit der deutschen Besetzung kennen; Wolfgang Joho, Chefredakteur der Jahre von 1960 bis 1966, traf sie 1947 nach ihrer Rückkehr aus dem mexikanischen Exil als Kolumnisten der Wochenzeitung »Sonntag« und geschätzten Prosaautor; begleitete Christa Wolf, Interimsleiterin nach Weiskopfs plötzlichem Tod, mit wachsender Neugier auf ihrem Weg in die Literatur, der sich zunächst vor allem durch kritische Überlegungen abzeichnete. Mit Werner Neubert, dem Chefredakteur von 1966 bis 1974, diskutierte sie gern auch gesellschafts- und kunsttheoretische Fragen – *möglichst aber nit zu oft*, und Walter Nowojski, dem Leiter der Zeitschrift nach 1975, gab sie in einem 1980 veröffentlichten Brief Auskunft über den schwierigen Weg ihres Romans »Das siebte Kreuz« in die Öffentlichkeit, der ihm, 1973 noch als Dramaturg des Fernsehens, für eine geplante Sendereihe wichtig gewesen war.

Die hier zusammengefassten Dialoge und Briefe vermitteln einen Einblick von dieser Verbundenheit mit der Zeitschrift, der sie zu ihrem zwanzigsten Jubiläum 1972 nicht ohne Hintersinn wünschte, dass sie nicht nur *besser und besser,* sondern *sehr gut* wird und ihren Namen *nicht zu eng auffasst* – ein Wunsch, der nicht immer leicht zu erfüllen war. Die Gespräche wurden zu einem großen Teil in der Wohnung der Autorin in Berlin-Adlershof geführt. Mitschriften und Tonbandaufnahmen bildeten die Grundlage der Manuskripte, deren für eine aktuelle Veröffentlichung bestimmte Teile Anna Seghers zumeist *sofort mit dem Stift* las, während sie die übrigen mit Anmerkungen *für später vielleicht* zurückreichte und eine Publizierung in Zusammenarbeit mit Christa Wolf bedenkenswert fand, die sich leider nicht mehr realisieren ließ. So belegt auch die hier aufs Thema bezogene Auswahl von Briefen und Dokumenten ihr Interesse an der Zeitschrift, das Helmut Hauptmann im Almanach des Aufbau-Verlags zu dessen 75. Gründungsjubiläum 1975 treffend charakterisierte: »Ihre Hilfe ist unauffällig und genau und auf lange Zeit berechnet.«

Dankbar erinnert sei an Dr. Ruth Radvanyi, die Tochter von Anna Seghers, sowie an die Sekretärin Ruth Hildebrand, die es verstand, gelegentlich Erinnerungslücken zu überbrücken und Irrtümer zu berichtigen. Dank gilt ebenso Dr. Pierre Radvanyi, dem Sohn der Autorin, für seinen Zuspruch zu dieser Publikation. Außerdem nenne ich Christel Berger, Martha Böni, Jürgen Engler, Ulrike Werner sowie

Helga und Katrin Roscher für Anregungen und Hinweise bei der Herstellung des Druckmanuskripts.

Manchmal war versäumt worden, Gespräche zu datieren, so dass Angaben nach Notizen hinzugefügt, aber mit Fragezeichen versehen wurden.

Der Schriftnachlass der Autorin befindet sich im Archiv der Akademie der Künste Berlin sowie im NDL-Konvolut des Aufbau-Verlags in der Staatsbibliothek zu Berlin.

A. R.

Kohlezeichnung: Otto Niemeyer-Holstein: Studie Achim Roscher, 1980, WV 2986, Atelier Otto Niemeyer-Holstein, Museum Lüttenort auf Usedom.

Achim Roscher

geboren 1932 in Limbach/Sachsen; Studium (Germanistik, Geschichte) Verlagslektor, Publizist, Herausgeber; Mitglied des Gründerkollegiums der »Neuen Deutschen Literatur« NDL/ndl, Berlin; 1978 bis 1993 stellv. Chefredakteur, von 1993 bis 1995 Chefredakteur.

Anthologien: *Tränen und Rosen* – Krieg und Frieden in Gedichten aus fünf Jahrtausenden, Verlag der Nation, Berlin; *Ilse Bilse* – Zwölf Dutzend alte Kinderverse, Kinderbuchverlag, Berlin; *Zeitverkürzer* – Deutsche Anekdoten aus fünf Jahrhunderten, Reclam-Verlag, Leipzig; *Die Windrose* – Anekdoten der Weltliteratur, Verlag der Nation, Berlin; *Lüttenort* und *Lebensbild mit Landschaft,und Figuren,* Publikationen zu Leben und Werk des Malers Otto Niemeyer-Holstein, Aufbau-Verlag, Berlin; *Also fragen Sie mich!* – Gespräche mit Alexander Abusch, Erich Arendt, Willi Bredel, Willi Bürger, Fritz Cremer, Wieland Herzfelde, Cläre M. Jung, Otto Niemeyer-Holstein, Charlotte E. Pauly, Hans Pischner, Ludwig Renn, Peter Schreier, Anna Seghers, Sergej Tjulpanow, F.C. Weiskopf, Mitteldeutscher Verlag, Halle/Saale; *Lebensmuster* – Gespräche mit Wieland Förster, Günter Gaus, Günter Grass, Ludwig Harig, Gert Hofmann, Elfriede Jelinek, Karl Mickel, Adolf Muschg, Erwin Strittmatter, Martin Walser, Aufbau-Verlag, Berlin. Eine Chronik der NDL erschien unter dem Titel *In den Heften und zwischen den Zeilen – Neue Deutsche Literatur, eine Zeitschrift im deutsch-deutschen Geschichtsfeld 1953–2003*, Edition Schwarzdruck, Gransee.

Inhalt

BRIEFE

Bildnachweis:
Die Faksimiles stammen aus dem Archiv von Achim Roscher.
Fotos: S. 62 Manfred Uhlenhut; S. 108/109 Archiv Ruth Radvanyi;
S. 121 dpa/picture alliance; S. 131 Zentralbild/Sturm

Verlag Neues Leben –
eine Marke der Eulenspiegel Verlagsgruppe Buchverlage

ISBN 978-3-355-01884-5

1. Auflage 2019

Umschlaggestaltung: Verlag, Peter Tiefmann
Coverfoto: Anna Seghers auf ihrem Balkon
in Berlin-Adlershof, 1964 (© Gerhard Kiesling)
Druck und Bindung: GGP Media GmbH, Pößneck

www.eulenspiegel.com